성공한 리더들의 필수품

리더의 도구

리더의 도구

정민 지음

매일경제신문사

프롤로그

작품을 만들려면 연장이 좋아야 한다. 연장이 좋지 않으면 좋은 작품이 나올 수 없다. 이 책은 좋은 작품을 만들려는 마음은 있는데 어떻게 만들어야 할지 머뭇거리는 리더들을 위한 안내서다. 조직을 이끌어가고 있는 리더와 리더가 될 인재들을 위한 필수 도구들의 모음이다.

"젊음은 아름답지만 노년은 찬란하다. 젊은이는 불을 보지만 노인은 불길 속에서 빛을 본다."

빅토르 위고(Hugo, Victor Marie)의 말이다. 리더는 남들이 보지 못하는 것을 볼 줄 아는 안목을 가져야 한다. 리더가 되면 기능보다는 본질에 충실해야 한다. 좋은 작품을 만들려면 생각을 많이 해야 한다. 리더는 남들이 만들어놓은 길을 따라가는 사람이 아니라 길을 개척해서 가야 하는 사람이다. 리더가 생각할 줄 모르면 눈에 보이지 않는 구조, 논리, 가치를 만들 수 없다. 생각할 줄 모르면 눈에 보이는 현상만 쫓아간다. 리더가 생각하는 능력을 갖추지 못하면 남들이 생각해서 만들어놓은 구도를 따라갈 수밖에 없기 때문에 탁월한 성과를 내기 어렵다.

동네 바둑으로는 실력이 늘지 않지만 바둑을 정석으로 배우면 고수가 될 수 있다. 이 책에서는 리더가 해야 할 일을 단편적으로 나열하지 않았다. 바둑의 정석처럼 리더가 어떠한 마인드로 어떻게 처신해야 하는가를 정리했다. 이 책은 단기간에 리더가 되려는 사람을 위해 쓰인 것이 아니다. 리더라는 자리에 연연하는 이들의 자리를 지켜주기 위한 책도 아니다. 기업은 숨은 인재를 가려내는 안목을 가지고 있다. 이 책은 기업이 원하는 인재가 될 수 있도록 쓰였다.

조직이 잘되려면 리더를 잘 뽑아야 한다. 조직의 리더는 단위 조직이나 사업장의 소사장이나 다름없다. 조직장은 끊임없이 변화와 혁신을 주도해 조직의 발전에 기여할 수 있는 핵심적인 위치에 있다. 큰 강물도 물줄기를 따라 올라가면 산속의 작은 샘물로부터 발원된다. 기업이라는 큰 강물도 물줄기를 따라 올라가면 소규모 단위 조직을 만난다. 단위 조직은 기업 생산성의 발원지로 볼 수 있다. 작은 조직을 잘 이끌면 큰 조직도 잘 이끌 수 있다. 큰 조직을 이끄는 사람도 작은 조직을 잘 이끌었기 때문에 그 자리까지 올라간 것이다.

어느 조직이나 조직의 리더와 구성원은 동일한 중력권에 묶여 일정한 거리를 두고 자전과 공전을 거듭한다. 어떤 때는 전혀 예상하지 못한 조직으로 날아드는 운석을 맞기도 한다. 조직의 리더가 잘 들어오면 망해가는 조직도 살리지만, 조직의 리더가 잘못 들어오면 잘 나가던 조직도 죽는다.

누구나 조직을 맡고 싶어하지만 기업에서는 아무에게나 조직을 맡기지 않는다. 오랜 기간 성실함, 책임감, 성과를 인정받아야만 조직의 리더가 될 수 있다. 기업에서 조직을 이끄는 리더의 영향력은 결코 작지 않다. 리더는 다리 역할을 해야 한다. 조직은 비바람에도 쉽게 쓸려가지 않는 돌다리가 필요하다. 다리는 사람과 물건을 이쪽에서 저쪽으로 연결시켜주는 역할을 통해 세상에 활력을 주고 사람을 이롭게 한다. 마찬가지로 기업에서 조직의 리더도 윗사람과 아랫사람, 조직과 조직을 연결시켜주는 다리의 역할을 해야 한다. 이 다리가 흔들리고 휘청거린다면 조직은 온전히 앞으로 나아가기 어려울 것이다.

이 책은 기업이나 상사의 입맛에 맞는 그때그때의 처세술보다는 어떤 위기나 난관이 오더라도 흔들리지 않고 돌파할 수 있는 돌다리 같은 리더의 역할을 알려줄 것이다. 조직의 리더들이 어떻게 구성원을 이끌고 행동해야 하는지에 대한 안내서일 뿐만 아니라 자기를 계발해서 더 높은 성과를 내기 위한 리더들의 사용 설명서다. 이 책은 탁월한 기업에 걸맞는 리더를 위해 쓰인 책이다. 개인의 처세술에 치우친 내용보다는 리더로서 갖춰야 할 기본 덕목과 올바른 가치관을 바탕으로 쓰였다. 당장의 성과보다는 지속적인 발전을 위한 직장생활, 장차 더 큰 조직을 이끌 리더로서 갖추어야 할 행동지침을 담으려고 노력했다.

CONTENTS

PART 4. 리더의 도구

CONTENTS

PART

1

어디가
아니라
어떻게

반드시 인정해주는
사람이 있다

어떤 조직이든 조직의 리더나 책임자로 발령이 나면 나를 지켜보는 눈이 많다는 것을 알아야 한다. '발 없는 말이 천리를 간다'는 속담이 있다. 아무리 작은 업무라도 누군가와는 연관되어 있다. 그 누군가는 또 다른 누군가와 연관되어 있다. 작은 조직이라고 해서 성과가 드러나지 않는 것이 아니다. 알아주는 사람이 없을 것이라고 맡겨진 일을 소홀히 했다가는 오산이다. 어떤 일을 하느냐 보다 어떻게 하느냐가 더 중요하다. 불교에서는 식사준비, 청소 등 일상생활의 허드렛일을 하는 것과 참선을 하는 것에 본질적인 차이가 없다고 한다.

처음 리더가 되었다면 새롭게 맡은 자리에 맞게 제로베이스에서 시작해야 한다. 이전에 가지고 있던 관념이나 습관은 더 이상 나를 지탱해주지 못한다. '새 술은 새 부대에 담아야 한다'는 말처럼 생각의 틀을 바꾸지 않고 행동한다면 주변에서는 리더라기보다 아직 실무자의 티를 벗어나지 못했다는 말을 할 것이다. 대부분의 신임 리더는 본사 핵심 조직장이나 규모가 큰 현장 책임자로 발령이 나길 내심 바랄 것이다. 경영진의 관심이 핵심 조직이나 규모가 큰 사업장에 집중되어 조직의 이목을 받고 성과를 세울 기회가 많을 것으로 생각하기 때문이다. 그러나 이런 자리는 원한다고 발령을 받을 수 없다. 중요한 것은 자리보다 자신이 맡은 직무에서 어떻게 일을 수행하는가 하는 것이다. 소규모 조직이나 지리적으로 본사에서 멀리 떨어진 지역에서 업무를 수행하더라도 자신에게 주어진 일에 최선을 다하는 자세가 중요하다. 맡은 일에 대한 애정으로 주어진 과제를 수행하는 것이다. 맡은 업무에 적극적으로 매달리다 보면 어느새 미운정, 고운정이 들어 업무에 애정이 생기게 된다. 스스로 정의하지 않는 한 하찮은 자리란 없다. 마찬가지로 자신이 하찮게 처리하는 일은 있을지라도 하찮은 업무는 없다. 어떤 직책이든 회사가 필요하니까 발령을 내는 것이다.

리더의 행동은 리더의 사고방식에서 나온다. 리더가 어떤 사고방식을 가지고 행동하느냐에 따라 일하는 방식, 조직원을 대하는 방식이 달라진다. 조직원의 눈과 귀는 리더의 말과 행동을 전달하는 매개체다. 동료를 통해서, 선후배를 통해서 리더의 일거수일투족은 빠르게 사내에 확산된다. 또 리더의 태도나 평가는 리더가 상대하는 고객사의 담당자를 통해 고객의 회사로까지 전달된다. 생각지도 않은 경로를 통해서 생각지도 못했던 일이 사내뿐만 아니라 외부에도 퍼질 수 있다는 이야기다. 그렇기 때문에 관심을 덜 받는 곳에서 일한다고, 보는 사람이 없겠거니 생각하는 것은 오산이다. 묵묵히 맡은 업무에 충실하다 보면 반드시 인정해주는 사람이 있다. 주변에 보는 눈이 많다고 많이 보는 것이 아니다. 반대로 주변에 보는 눈이 적다고 적게 보는 것도 아니다. 그러니 보는 눈이 많으면 의식하고, 보는 눈이 적으면 소홀해도 된다는 의식은 잘못되었다. 오히려 보는 눈이 적을수록 신중하게 처신해야 한다. 발 없는 말이 천리를 가기 때문이다.

변화의 원천은 의욕

어떤 리더가 되고 싶은가. 상사의 지시가 있어야 움직이는 리더, 지시하는 일만 하는 리더, 지시해도 잘해내지 못하는 리더, 지시하기 전에 필요한 일을 찾아서 하는 리더. 윗사람이 시켜서 한 일은 잘해야 본전이다. 일에 끌려다녀서는 일의 주인이 될 수 없다. 일의 주인이 되기 위해서는 미리 해야 한다. 상사가 시키기 전에 일을 찾아서 해야 한다. 상사가 지시한 보고기간보다 미리 보고하는 것이다. 시켜서 하는 일은 잘해야 80점이다. 그 이상을 넘기 힘들다. 마찬가지로 지시한 것만 하는 것도 80점이다. 하나를 지시했다면 둘을 만들어 가야 한다. 상사가 미처 생각하지 못했던 수를 보는 것이다. 그러면 상사는 리더가 항상 뭔가 새로운 발상을 위해 고민한다고 생각한다. 이런 조직의 리더는 상사를 안심시킨다.

윗사람이 시키는 일에만 익숙해지면 수동적이 된다. 윗사람이 시켜서 한 일과 스스로 찾아서 한 일에는 성취감에 큰 차이가 있다. 경영진은 시켜서 한 일의 성과는 잘 잊지만 시키지 않은 일을 한 리더의 성과는 오래 기억한다. 리더는 조직원이 아니다. 윗사람이 리더에게 지시한 업무도 있지만 지시한 일만 해서는 윗사람을 만족시킬 수 없다. 리더는 윗사람이 시키기 전에 회사에 필요한 일을 찾아서 해야 한다. 의욕을 가지고, 회사의 발전을 위해서, 조직의 역할에 맞는 일을 미리 찾아서 해야 한다. 대부분 윗사람이 시킨 일을 하는 것에는 익숙하지만, 일을 찾아서 하는 것에는 익숙하지 않다. 그렇기 때문에 힘들다. 실패에 대한 부담감과 부딪히는 장애물이 많다. 이것은 잘못된 방향인가 하는 의구심, 왜 불필요한 일을 하느냐고 불만을 갖는 주변 사람들도 설득해야 한다. 하지만 우리가 일궈낸 성과들은 대부분 새로운 방식을 통해 찾아낸 결과다.

관성이라는 것이 있다. 궤도를 유지하는 힘이다. 관성을 벗어나려면 별도의 힘이 필요하다. 매일 하던 일만 관성적으로 반복하는 사람은 매력이 없다. 어제와 똑같은 업무를 하더라도 좀더 효율적으로 일할 수 있는 방법을 찾아야 한다. 궤도를 이탈하려면 추진력이 필요하다. 이 추진력은 의욕에서 비롯된다. 회사는 의욕이 있는 사람을 원한다. 의욕이 있는 사람만이 회사를 변화시킬 수 있다. 리더가 열의가 없다면 조직원도 열의를 가지지 않는다. 조직원 중에 열의가 없는 사람이 한 명이라도 있다면 조직 전체로 그런 분위기가 전염되기 쉽다. 사장은 회사의 내외부 업무로 눈 코 뜰 새 없이 바쁘다. 그래서 한 가지 일을 깊이 있게 오랫동안 고민하기 힘들다. 이런 공백을 조직의 리더가 메꿔주었을 때 리더에 대한 만족감이 남다르다.

지시대로만 하지 않고 조금이라도 변화를 도모한다는 것은 일에 대한 열정이 있다는 것이다. 일에 대한 열정이 부족하다면 절대 지시받은 것 이상으로 하기 힘들다. 지시받은 것도 겨우 한다. 열정은 열정을 낳는다. 일을 앞서가서 챙기다 보면 일의 성과에 대한 만족감을 더 크게 느낀다. 그래서 일을 주도적으로 하게 된다. 자기계발의 대가인 얼 나이팅게일(Earl Nightingale)은 "성공은 가치 있는 이상을 계속해서 현실로 만들어나가는 것"이라고 했다. 리더는 가치 있는 일을 생각하고, 이를 현실로 만들어나갈 수 있는 사람이다.

조직도
계기판이 필요하다

노 젓는 법을 모르면서 목적 없이 배를 저으면 배는 제자리에서 돌기만 하고 제대로 나아가지 못한다. 하지만 정확한 방법으로 가고자 하는 목표를 보면서 노를 저으면 배는 목표한 대로 간다. 목표가 있으면 앞으로 쭉 나아가지만 목표가 없으면 길을 헤매다 제자리로 돌아오는 경우가 많다. 헨리 데이비드 소로(Henry David Thoreau)는 많은 사람들이 "조용히 자포자기하는 삶을 산다"고 했다. 즉 목표 없이 산만한 삶을 살아가고 있다는 것이다. 목표는 의욕을 낳는다. 목표를 알면 무엇을 해야 하는지, 무엇을 하지 말아야 하는지 선명해진다. 명확한 목표만큼 우리를 안내하는 표지판은 없다.

망해가는 회사일수록 직원이 회사의 경영 상태를 파악하는 숫자를 잘 떠올리지 못한다. 파산 위기에 몰린 일본항공에 첨단 전자

부품 제조업체 교세라의 창업자인 80세 고령의 이나모리 가즈오(稲盛和夫) 회장이 구원자로 등판했다. 이나모리 가즈오 회장이 경영진과 미팅을 하다가 회사의 경영 상태를 물어봤을 때 대부분의 경영진은 숫자로 대답하지 못했다고 한다.

경영 활동들이 수치화되면 효율적으로 의사결정을 할 수 있다. 항공기와 배에는 원하는 목적지에 안전하게 도착하도록 연료, 엔진 상태, 속도, 위치 등을 알리는 각종 계기판이 설치되어 있다. 조종사와 선장은 수시로 이 계기판을 보고 비행기나 배가 정상적으로 운행하고 있는지, 어디에 문제가 있는지 파악한다. 회사도 조직도 마찬가지로 계기판이 필요하다. 계기판은 각종 수치나 그래프로 현재의 상황을 알려준다. 성과와 관련된 중요한 업무일수록 계기판처럼 계량화하는 작업이 필요하다. 수치로 말하면 군더더기 없이 간단하게 보고할 수 있다. 문제의 원인도 신속히 파악해 제때 대응할 수 있다. 리더는 조직의 업무를 수치화할 수 있는 능력을 키워야 한다.

'측정할 수 없으면 개선할 수 없다'란 말이 있다. 업무를 요약하는 방법 중에 가장 좋은 방법은 측정할 수 있게 만드는 것이다. 측정하려면 수치화해야 한다. 글로벌 회사는 수치화 작업에 능숙하다. 경영지표를 나타내는 지표 중 선행지표와 후행지표라는 것이 있다. 안전을 예로 들면 후행지표는 안전사고가 발생한 건수가 될 것이다. 선행지표는 안전사고를 예방하기 위한 각종 활동들이다. 안전교육 시간, 안전점검 횟수, 안전문화 구축 등이다. 선행지표는 독립변수고, 후행지표는 종속변수다. 종속변수는 독립변수의 영향을 받는다. 안전교육, 안전점검을 열심히 하고 안전문화를 구축하면 사고예방에 효과적이다. 작은 수치가 모이면 큰 수치가 된다.

기업의 경영 성과도 경영 성과를 높이기 위한 조직 단위의 각종 활동들에 영향을 받는다. 이런 일련의 활동들이 수치화되어 있고 주기적으로 점검한다면, 어디서 어떤 문제가 생겼는지 금방 알 수 있다. 문제를 알면 효과적으로 개선할 수 있다. 예를 들면 고객만족은 정성적인 결과다. 거래하는 고객이 100명이 있다고 가정할 때 고객만족의 수준을 물으면 답변은 제각각일 것이다. 어떤 조직장은 요즘 고객이 우리 제품(또는 서비스)에 만족하고 있다고 말한다. 반면에 다른 조직의 조직장은 요즘 고객이 우리 제품(또는 서비스)에 불만이 많다고 말한다. 누구의 말이 맞는가. 최근 만족한 고객을 주로 만난 조직장과 불만족한 고객을 많이 만난 조직장의 의견이 다를 수 있다. 고객만족 수준을 신뢰성 있는 리서치 기관에 의뢰해 그 결과값을 살펴보면 현재 고객만족의 수준을 요약할 수 있다. 작년과 비교했을 때 개선이 되었는지, 정체되고 있는지, 아니면 하락하고 있는지 객관적으로 파악하기 쉽다. 고객만족뿐만 아니라 조직의 각종 업무결과도 가능하면 수치화하는 것이 좋다. 더 나아가 업무 결과뿐만 아니라 업무 과정도 수치화할 수 있다.

방향이 올바르면
술술 풀린다

필리핀 속담에 '일을 하려고 하면 길이 보이고 하기 싫으면 핑계가 보인다'는 말이 있다. 리더가 구성원들과 협업해 프로젝트를 추진하는 데 있어 긍정적이고 창의적인 아이디어를 내는 구성원이 있는 반면, 장애물을 먼저 생각하며 비관적인 의견을 내는 구성원이 있다. 왜 해야 되는지 반문부터 제기하는 구성원, 이런저런 문제와 어려움을 나열하는 구성원, 무반응의 구성원 등이 있다. 비관적인 의견을 내는 구성원의 의견을 들어보면 틀리지 않다. 현실을 반영한 예상되는 실질적인 문제점들이다. 그런데 이런 문제점들만 부각하면 앞으로 나아갈 수 없다.

리더에게 주어진 업무를 추진하려면 생각을 많이 해야 한다. 연간계획, 월간계획, 주간계획 수립은 리더에게 주어지는 정기적인 업무다. 이와는 별도로 경영진으로부터 특별 수명업무가 주어지기도 하고, 시장 상황이나 경영 여건에 따라 별도의 업무기획을 해야 하는 때도 있다. 또 업무추진 과정에서 리더가 필요하다고 생각되는 과제를 별도로 선정해 추진하는 경우도 있다. 리더는 회사와 고객에게 필요한 일이라면 과감하게 추진해야 한다. 프로젝트를 추진하는 과정에서 기획단계에서는 긍정적인 면, 부정적인 면을 다 고려해야 하지만 리더는 먼저 큰 줄기를 잡아야 한다. 큰 줄기는 밑그림이다. 밑그림을 그리는 데는 긍정적인 면을 부각시켜야 한다. 이 과제를 완료했을 때 고객과 회사에는 어떤 이로움이 있는지를 낙관적으로 구상해야 한다. 이 과정에서는 창의적이고 의욕적인 구성원의 도움을 받는 것이 좋다. 그리고 기획단계를 지나 실행단계에서는 업무 추진에 예상되는 문제점을 디테일하게 검토해야 한다. 이 과정에서는 비관적인 의견을 제시한 구성원과 함께 계획해 나가는 것이 필요하다. 비관적인 의견을 제시하는 구성원은 업무를 디테일하게 처리하는 경향이 있다.

예를 들어 건설프로젝트의 경우 프로젝트의 성공을 위해서는 기획단계, 설계단계, 발주단계가 포함되는 초기단계에서 방향을 잘 잡아야 한다. 건설프로젝트는 초기단계에서의 활동이 전체 프로젝트 비용의 90% 정도 영향을 미친다. 시간이 지나 시공단계로 접어들면 기회요인이 급속히 감소한다. 시공단계에서 품질, 공기, 원가 등 프로젝트의 방향을 수정하려면 공사비용이 급증하고 시간도 많이 소요되기 때문이다. 특히 건설현장의 안전수준은 시공 이전 단계에서 결정된다. 건설공사 발주자(건축주)는 건설현장에서 안전사고를 방지하기 위해 공사기간, 공사금액을 적정하게 확보해야 한다. 그리고 우수한 프로젝트 참여자를 선정해 설계와 시공, 프로젝트 관리를 맡기는 것이 올바른 방향이다. 이와 반대로 무리하게 공사기간을 촉박하게 잡거나 원가에도 못 미치는 덤핑으로 건설공사를 발주해서는 안전사고가 날 소지가 크다.

명심보감에 '심청사달(心淸事達)'이란 말이 있다. 마음이 맑고 사심이 없으면 무슨 일이든 잘 풀린다는 뜻이다. 업무를 기획할 때는 무엇보다 방향이 중요하다. 방향이 올바르면 다음 단계는 술술 풀린다. 올바르지 못한 방향으로 일을 추진하면 다음 단계에서 대가를 치르기 쉽다. 업무가 진행될수록 시간과 비용이 투입되어 궤도를 수정하기 어렵기 때문이다.

킹핀을 찾아 공략하라

볼링에서 5번 볼링핀을 '킹핀'이라고 한다. 10개의 볼링핀을 한번에 쓰러뜨리기 위해서는 5번 핀을 맞춰야 하기 때문에 킹핀이라고 부르며 그 중요성을 강조한 것이다. 업무에서도 볼링의 킹핀처럼 중요한 업무가 있다. 리더는 킹핀을 찾아서 집중해야 한다. 무엇이 킹핀인지는 잘 드러나지 않지만 곰곰이 생각하면 킹핀을 찾을 수 있다. 마치 실타래가 풀리듯, 킹핀을 찾으면 다른 것들은 쉽게 개선된다. 킹핀은 문제의 원인을 찾는 것과 같다. 문제를 일으키는 다양한 원인이 있지만 킹핀은 많은 문제 중에서 가장 근본적인 원인이다. 예를 들면 피부병이 났는데 피부병을 일으키는 원인(세균)이 무엇인지 모르고 약을 처방받으면 제대로 낫지 않고 내성만 강해진다. 피부병의 원인을 정확히 진단하고 여기에 맞는 처방을 받아야 피부병이 낫는다.

'물이 가득 찬 컵에는 더 이상 물을 담을 수 없다'는 격언이 있다. 조직의 리더가 되면 업무가 부쩍 늘어난다. 각종 미팅에 참여하는 횟수가 늘어나고 하루에 받는 이메일도 폭주한다. 조직원에게 업무지시도 내려야 하고, 지시된 업무가 제대로 진행되는지 중간중간 챙겨야 한다. 조직의 업무를 어디까지 챙길 것인지 리더가 나름 가이드를 정해놓지 않으면 공백이 생긴다. 조직원이 하는 업무를 너무 디테일하게 챙기다 보면 정작 리더로서 해야 할 중요한 일을 놓치기 쉽다. 에너지가 고갈되어 정말 중요한 일은 대충 하거나 아예 잊어버리는 경우도 생긴다. 일의 의미와 가치를 따지지 않고 그때그때 처리한 일은 성과를 내기 어렵다.

킹핀은 왜 이 일을 하는가와도 연관되어 있다. 리더는 과정과 결과를 오가며 '왜'라는 질문을 자주 던져야 한다. 예를 들면 '현재 조직에서 가장 중요한 일은 무엇일까'를 고민하면서 리더는 조직에게 주어진 과제 사이를 끊임없이 왔다 갔다 해야 한다. 연초에 최고경영자는 신년사를 발표하는데, 리더는 이 신년사를 꼼꼼히 읽어봐야 한다. 신년사에는 최고경영자가 한 해에 가장 중요하게 생각하는 업무와 방향, 즉 한 해의 킹핀이 드러나 있기 때문이다.

건축주가 건물을 짓는다면 이유가 있을 것이다. 사옥을 짓는다면 새로운 공간을 통해 구성원의 자부심과 업무효율을 높이기 위해서일 것이다. 공장을 짓는다면 생산라인을 정비해 제품의 생산성을 높이는 일이 될 것이다. 회사의 경영이념은 일의 목적과 의미를 부여한다. 리더는 조직원이 일하기 좋은 환경을 만들어주고 높은 해상도로 조직이 제대로 된 방향으로 일하는가를 파악하기 위해 '왜'라는 질문을 수없이 자문하며 킹핀을 찾아 공략해야 한다.

원하는 직장에
어울리는 옷을 입어라

이스라엘 건국의 아버지 시몬 페레스(Shimon Peres)는 장관을 10
번, 총리를 3번하고 마지막으로 92세에 대통령이 되었다. 그는 임
종 보름 전까지 마지막 책을 집필하면서 "유일한 후회가 있다면 더
큰 꿈을 꾸지 않았던 것이다"라고 했다. 인생은 원하는 만큼만 준
다고 한다. 크게 원하면 크게 받고, 작게 원하면 작게 받는다. 고인
물은 썩게 마련이다.

금융의 중심지인 미국 월가에서는 직원에게 지금 가지고 있는
옷을 입지 말고 원하는 직장에 어울리는 옷을 입으라고 충고한다.
옷차림새가 달라지면 행동하는 것이 달라진다. 행동뿐만 아니라
사고방식에도 영향을 미친다. 우리가 원하는 목표를 높게 세우면
목표에 다가가기 위한 태도와 자세가 달라진다.

목표를 작게 생각하면 작게 얻을 것이고, 목표를 크게 생각하면
크게 얻을 수 있다. 에베레스트산을 정복하겠다는 목표를 세웠다
면 체력, 장비, 경비 등을 세계 최고봉에 오를 수 있도록 맞춰 준비
할 것이다. 반면에 서울에 있는 남산 정도의 산에 오르는 것을 목
표로 삼았다면 산에 오르기 위한 준비과정은 훨씬 간단할 것이다.
"성공하려면 내가 갖고 있는 그 무엇이 아닌 내가 원하는 그 무엇

에 초점을 맞춰 계획을 세워야 한다." 성공한 사업가 니도 쿠베인 (Nido R. Qubein)의 말이다. 우리가 계획한 목표를 실행하는 데 있어 길이 잘 보이지 않거나 같은 문제가 반복적으로 일어난다면 현행 방식을 토대로 문제해결을 도모했기 때문이다.

성공의 씨앗은 마음속에 무엇을 그리느냐에 달려 있다. 어떤 성과가 나올지에 대한 모습을 먼저 생각하고 거기에 맞춰 계획을 짜고 행동하면 이루어질 확률이 높다. 한계를 두지 말고 생각하는 대로 된다고 믿고 행동하는 것이다. 즉, 결과로부터 출발해야 한다. 성공을 원하는 사람은 성공한 모습을 미리 그려봐야 한다. 시간의 축을 따라 미래의 모습을 그려보고 현재의 행동을 결정하는 것이다. 목표가 분명한 사람은 목표에 도달하는 방법을 알고 있다. 목표가 없는 사람은 길을 헤맨다.

바라보는 방식, 생각하고 행동하는 방식이 변하지 않는 이상 비슷한 수준의 결과밖에는 나올 것이 없다. 충분히 생각하고 관점을 바꾸어 바라보면 행동이 바뀔 수 있다. 심리학 분야의 석학인 웨인 다이어(Wayne Dyer)는 "당신이 뭔가를 바라보는 방식을 바꾼다면 바라보는 대상이 바뀔 것이다"라고 했다.

중요한 것은 해내겠다는 의지이고, 의지는 지적 능력이다. 조직은 자유롭게 생각하고 아이디어를 발산할 수 있어야 성과를 낼 수 있다. 조직이 도전보다 편안함을 추구하다 보면 일상적인 패러다

임에 갇히게 된다. 그러다 보면 변화를 거부하고 안정되고 순탄한 것만 찾게 된다. 해내겠다는 의지로 내 몸의 패러다임을 맞추는 것이 필요하다. 목표를 내면화하고 매일 생각하면 자신도 모르는 사이에 방법이 떠오를 것이다. 목표를 떠올리면서 아직 목표에 도달하지 못했다고 생각된다면 이것을 메꾸기 위한 방법을 생각해야 한다. 이것이 더욱 선명하게 목표를 채색하고 생각하는 것이다.

권투선수는
3분 경기하고 1분 쉰다

필자가 다니고 있는 회사는 안식년 제도라는 것이 있다. 일반 직원은 10년, 임원은 5년을 근무하면 2달 유급휴가를 갈 수 있다. 직장생활을 하면서 2달의 휴가를 받기란 쉽지 않다. 이 기간에 직원들은 유럽 등으로 가족여행을 떠나거나 평소 하지 못했던 자기만의 시간을 갖는다. 평소 업무 일정에 맞춰 생활하다 보면 루틴한 일상에 매여 있게 된다. 하계휴가를 1주일 남짓 가지만 좀처럼 일상을 떠나서 자기 자신을 돌아볼 여유가 없다. 필자도 2달간 안식휴가를 다녀온 경험이 있다. 안식휴가를 다녀오면 그동안 쌓였던 스트레스가 깨끗이 정화된 느낌이 든다. 오랫동안 해왔던 회사생활도 다시 시작하는 기분이다.

필자가 맡고 있는 조직은 매일 업무를 하기 전에 조직원 전원이 10분 독서운동을 한 후 업무를 시작한다. 독서는 본 업무에 들어가기 전에 머리를 워밍업하는 수순이다. 일본에서 고등학생을 대상으로 수업을 시작하기 전에 10분 독서운동을 한 사례가 있다. 매일 독서를 하면 논리적인 사고를 하는 데 도움이 된다고 한다. 수업 전 10분 독서운동을 한 학교와 독서운동을 하지 않은 학교 학생들의 성적을 비교한 결과 유의미한 차이가 났다고 한다.

조직의 리더는 항상 옳은 의사결정을 내릴 준비가 되어 있어야 한다. 조직원이 기획한 보고서를 검토하고 적기에 의사결정을 내려야 한다. 옳은 의사결정을 내리려면 빈틈없이 꽉 찬 머리를 식혀야 한다. 구글에서는 업무 시간 중 10% 정도는 업무와 관계없는 창의적인 활동에 시간을 활용하도록 권고하고 있다. 꽉 찬 잔은 어느 정도 비워야 새로운 것으로 채울 수 있다. 조직이 가는 방향을 점검하고 새로운 아이디어를 내는 일은 두통이 올 정도로 복잡한 머리에서는 잘 나오지 않는다. 고속도로에서 자동차 가속페달을 계속 밟고 있으면 엔진이 가열되어 사고의 위험이 높아진다. 자동차 엔진이 가열되는 것을 방지하기 위해서는 변속을 하든가 휴게소에서 쉬어야 한다. 사람도 마찬가지다. 과중한 업무에 짓눌려 머리를 계속 쓰면 가열되어 두통이 온다. 머리를 식히기 위해서는 휴식이 필요하다. 머리가 쉴 수 있도록 일정 부분을 비워두는 것이 필요하다.

머리를 비우는 일은 그리 복잡하지 않다. 15분 정도 차를 마시면서 생각을 정리하는 시간을 가져보는 것도 좋다. 정 시간이 나지 않는다면 5분만이라도 아무 생각을 하지 않고 그냥 있어도 좋다. 5분 동안은 자기 이름도 모른다고 할 정도로 아무 생각도 하지 않는 것이다. 권투선수는 1라운드에 3분 동안 링에서 뛴다. 권투는 KO로 승부가 가려지지 않는 이상 12라운드를 뛰고 심판의 판정을 받는다. 권투선수가 12라운드 동안 쉬지 않고 상대 선수와 경기를 치른다면 체력이 고갈되어 그냥 서 있기도 힘들 것이다. 하지만 권투 경기는 3분을 경기하고 1분을 쉰다. 1분은 에너지를 보충하는 시간이다. 그래야 다음 라운드에서 다시 뛸 수 있다. 용수철도 임계점을 넘으면 탄성을 잃는다.

리더는 바쁜 것, 중요한 것, 의미 있는 것들이 혼재되어 있는 일상의 삶에서 잠시 멈추고 생각해보는 것이 얼마나 중요한지 잊는 경우가 많다. 하지만 리더가 생각을 하지 않는다면 조직은 발전할 수 없다. 창의적인 아이디어는 복잡한 생각으로 꽉 찬 머리에서 나오지 않는다.

온갖 미사여구로 경영진을 혹하게 하는 화려한 기획서는 만들 수 있을지 모르겠지만, 생각하지 않는다면 그 화려한 기획을 실행에 옮길 수 있는 창의적인 전략은 나오지 못할 것이다. 실행력이 담보되지 않는 보기에만 좋은 기획서는 죽은 전략이나 다름없다. 이런 전략으로 일년을 보내고 있는 회사가 적지 않다. 반기에 하나씩, 적어도 일 년에 하나씩만 변화해도 혁신적인 조직으로 거듭날 것이다. 따라서 전략적 '쉼'은 성공하는 조직의 필수조건이라 할 수 있을 것이다.

큰 것이
아니라
작은 것

회의 전
세이프티 모멘트

글로벌 기업에서는 회의를 시작하기 전에 세이프티 모멘트(Safety Moment)라는 것을 한다. 이는 회의 참석자 중 직위가 높은 사람이 안전에 대해 간단히 이야기하고 회의를 시작하는 것이다. 안전에 대한 주제는 최근 일어난 안전사고, 직원들의 건강, 환경문제 등 다양하다. 글로벌 기업에서의 세이프티 모멘트는 모든 회의에 적용된다. 세이프티 모멘트를 하는 이유는 항상 안전에 대해 생각하자는 의미다. 비록 작은 문화지만 가랑비에 옷이 젖듯이 글로벌 기업은 안전이 생활화되어 있다.

필자가 근무하는 조직에는 외국인 안전전문가가 있다. 이 외국인 안전전문가는 이메일 문구 끝에 안전에 관한 간단한 삽화를 삽

입한다. 예를 들면 책장을 넘기다가 손을 베이지 않도록 주의하자는 삽화 등이다. 한국 기업에서는 회의 전 세이프티 모멘트를 하는 기업이 드물지만 필자의 회사에서는 안전문화로 자리를 잡아, 시무식, 종무식 때는 물론이고 각종 회의를 시작하기 전에 세이프티 모멘트를 하고 있다.

큰 사고가 나면 공공기관이나 기업에서 이런저런 대책을 쏟아내는 것을 본다. 그러다가 시간이 흐르면 잠잠해지면서 잊히는 경우가 많다. 이런 일들이 반복되면 안전사고를 예방하기 힘들다. 노자(老子)의《도덕경(道德經)》에서는 "천하의 가장 어려운 일은 반드시 가장 쉬운 일에서 시작되고, 천하의 가장 큰 일은 반드시 가장 작은 일에서 시작된다"고 한다. 큰 강물의 줄기를 거슬러 올라가 보면 발원지는 어느 골짜기 작은 물줄기에서 시작된다. 큰 것을 바꾸기 위해서는 작은 것부터 개선하면 된다. 주변에서 가장 쉬운 일부터 찾아 시작하는 것이다. 사소한 업무라도 이전과는 조금만 다르게 하는 것에서부터 출발하면 된다. 매일 주고받는 메일이나, 늘 하던 일을 다시 한번 생각해보면 된다. 가장 작고 쉬운 일부터 시작하다 보면 일은 서로 연결되어서 생각지도 않은 곳에서 큰 변화를 이끌어낼 수 있다. 아마존의 창업자 제프 베조스(Jeff Bezos)도 우리가 하는 일의 10%만 바꾸어도 엄청난 변화가 일어난다고 했다. 큰 업적이나 변화를 일구어낸 사건도 누구도 관심을 갖지 않는 작은 일에서부터 시작된 경우가 많다. 성공하는 사람들의 습관 중 하나는 아침에 자고 일어나면 바로 침구를 정리하는 것이라고 한다. 성공하는 데 이부자리를 정리하는 것이 어떤 연관이 있느냐는 의문이 들 수도 있지만 성공을 이끄는 습관이 사소한 것에서부터 시작된다는 것을 안다면 이해할 수 있을 것이다.

마이너스 에너지 VS 플러스 에너지

애플의 창업자인 스티브 잡스(Steve Jobs)는 제품을 만들 때 보이는 부분만 아니라 보이지 않는 부분의 완성도까지 신경을 써야 한다는 철칙을 가지고 있었다. 또 그가 공장을 방문할 때면 공장 바닥에 음식을 놓고 먹을 수 있을 정도로 청소가 잘되어 있어야 했다고 한다. 일본에서 '경영의 신'이라고 불리는 마쓰시타 고노스케(松下幸之助)도 공장을 방문하면 구석구석 청소가 잘되어 있는지 먼저 확인했다고 한다. 만일 화장실 청소가 잘되어 있지 않으면 마쓰시타 고노스케는 직접 걸레를 들고 청소를 했다고 한다.

마쓰다 미쓰히로(舛田光洋)가 쓴 《청소력》이라는 책에서는 청소에는 힘이 있다고 한다. 즉, 쓰레기에서는 마이너스 에너지가 나오는데 이 마이너스 에너지를 제거하는 것이 '청소'이며, 환기, 버리기, 오염 제거, 정리정돈을 통해 마이너스 에너지가 제거되기 때문에 플러스 에너지를 얻을 수 있는 힘이 생긴다는 것이다. 그렇기 때문에 그는 돈을 빌려달라는 친구가 있다면 돈 대신 걸레를 빌려주라고 충고한다.

필자가 건설현장에서 엔지니어로 근무할 당시의 일이다. 본사에서 임원이 건설현장을 방문할 때가 있다. 어떤 임원이 있었는데 그는 건설현장을 방문하면 지하실로 내려가서 가장 먼저 맨 아래층 지하실 계단 뒤쪽을 살펴보았다. 이곳은 현장에서 어둡고 가장 눈에 띄지 않는 장소로 각종 쓰레기가 모여 있기 십상인 곳이었다. 이 임원이 여기를 둘러보는 이유는 가장 소홀하기 쉬운 장소가 잘 정리되어 있으면 다른 곳은 볼 필요도 없다고 생각했기 때문이었다. 건설현장 입구에 들어서면 현장이 얼마나 잘 관리되고 있는지 직감적으로 알 수 있다. 청소 상태, 정리정돈 상태, 작업자가 다니는 통로 등을 얼마나 질서정연하게 잘 만들어놓았는지 보면 안전관리, 품질관리가 얼마나 잘 이루어지고 있는지 미루어 짐작할 수 있다.

공장이나 서비스를 제공하는 회사는 주변 환경 정리가 필수다. 환경은 리더가 먼저 챙겨야 한다. 일에만 몰두하다 보면 주변이 얼마나 널브러져 있는지 모른다. 한국표준협회에서 서비스품질을 평가할 때의 주요 평가항목 중 하나가 물리적 환경이다. 물리적 환경을 구성하는 요소로는 사무실 환경, 복장 등이 있는데, 서비스품질에 영향을 줄 정도로 중요하다.

'깨진 유리창의 법칙(Broken Windows Theory)'이라는 것이 있다. 이 법칙은 골목에 유리창이 깨진 채로 고장 난 차가 버려져 있으면 사람들이 오가며 쓰레기를 버리기 때문에 차는 물론이고 차 주변까지 지저분해진다는 것이다. 사소한 것을 방치해두면 쉽게 전파된다. 리더라면 조직의 마이너스 에너지를 일으키는 것이 무엇일까 주변을 둘러봐야 한다. 물리적 환경 외에도 성과를 올리는 데 역행하는 것들이 있다면 이런 것을 제거해 성과를 올리도록 하는 것이 리더의 역할이다.

반드시 밀물은
밀려오리라

철강왕 카네기(Andrew Carnegie)는 무명 작가가 그린 한 폭의 그림을 소중히 간직했다. 그 그림은 바닷가에 나룻배와 노가 대충 놓여 있는 그림이었는데 그는 이 그림을 그의 사무실에 잘 보이도록 걸어두었다. 이 그림에는 "반드시 밀물은 밀려오리라, 그날 나는 바다로 나아가리라"라는 화가가 써놓은 메모가 있었다. 카네기는 춥고 어려웠던 시절 이 그림을 보면서 미래를 꿈꾸었다고 한다.

　조직을 맡은 조직장은 여러 가지 업무를 맡고 있어서 조직이 하는 업무계획과 내용이 눈에 잘 들어오지 않는다. 특히 조직장은 관심이 집중되는 업무를 하다 보면 다른 업무를 간과하기 쉽다. 관심이 집중되는 업무란 최고경영자로부터 지시받은 업무나 조직에서 긴급히 처리해야 할 업무다. 이런 업무는 다른 업무보다 우선순위다. 조직장이 해야 할 업무 중에는 크고 작은 업무가 있고, 빨리 처리해야 할 일과 시간적으로 여유가 있는 업무가 있다. 이들 업무를 동시에 처리하기는 어렵다. 리더가 맡은 업무가 여러 개라면 '칸반보드'라는 것을 사용하는 것이 유익하다. 조직이 해야 할 일을 포스트잇에다 적어 칸반보드라는 칠판에 붙이는 것이다. 조직원 스스로가 맡은 업무를 하나하나 작성해 칸반보드에 붙이는 것이 좋다. 조직의 업무를 컬러별로 구분하면 더 좋다. 칠판을 해야 할 업무, 진행 중인 업무, 완료된 업무 세 구간으로 나누고, 일의 진행과정에 따라 포스트잇을 옮겨 붙인다. 그러면 많은 업무가 한눈에 들어올 뿐만 아니라 진행사항을 파악하기 쉽다. 주간 단위나 격주 단위로 칸반보드 앞에서 팀원과 간단히 의견을 나누다 보면 팀원이 어떤 순서로 업무를 진행하는지 어떤 업무에서 부하가 걸리고 있는 지 파악하기 쉽다. 칸반보드는 조직장과 구성원이 커뮤니케이션을 하는 데 도움이 된다.

눈에서 멀어지면 마음에서도 멀어진다고 한다. 대부분의 서비스 는 눈에 보이지 않는다. 서비스가 아무리 좋아도 경험하지 않은 상 태에서는 판단하기 어렵다. 보이지 않는 서비스도 눈에 보이게 하 면 고객의 관심과 평가가 달라진다. 필자는 수백 군데의 고객 회사 를 방문했다. 이 중에서 어느 한 글로벌 회사를 방문한 것이 기억에 남는데, 출입문을 들어서자마자 잘 보이는 곳에 놓인 큼지막한 '고 객 헌장'이 인상적으로 눈에 들어왔다. 이 회사를 드나드는 직원들 은 물론이고 고객들도 이 고객 헌장에 시선을 빼앗길 것이 분명해 보였다. 특히 고객이라는 단어가 시야에 들어오면서 이 회사는 고 객을 소중히 여기는 회사라는 이미지가 각인되었다. 이처럼 업무는 물론이고 자기계발 목표, 조직의 목표, 고객 서비스를 눈에 보이게 한다면 성취할 확률 또한 높일 것이다. 우리의 의식은 의식과 잠재 의식으로 구분되어 있다. 어릴 적 받은 인상적인 경험은 잠재의식 에 숨어 있다가 비슷한 경험을 통해 발현된다. 잘 기억이 나지 않더 라도 잠재의식 속 경험은 우리의 의식을 움직이는 밑바탕이 된다. 우리가 원하는 것을 시각화해 자주 보는 것은 잠재의식을 자극하 는 행위다. 눈에 보이게 하는 행위는 무의식을 의식에 옮겨놓는 과정이다. 그러면 의식과 무의식이 함께 우리가 가고자 하는 방향으로 갈 수 있게끔 도울 것이다. 이런 면에서 봤을 때 고객 헌장은 고객을 향한 회사의 목표를 시각화한 좋은 예라고 할 수 있다.

이루고자 하는 목표가 있을 때 이 목표를 잘 보이는 곳에 붙여두면 효과적이다. 화장실 거울도 좋고, 책상 주변도 좋다. 지갑 안쪽에 붙여두는 것도 좋은데, 그러면 지갑을 열고 닫을 때마다 보게 된다. 장소가 어디가 되었든 자주 보이게 하는 것이 중요하다. 카네기가 무명 작가의 그림을 사무실 벽에 걸어놓고 "언젠가 반드시 밀물은 밀려오리라"라는 문구를 상기했듯, 희망을 품으면 언젠가 기회는 반드시 찾아올 것이다.

실내가운 때문에 생긴 일

어느 날 친구가 실내가운을 선물해주었다. 친구가 선물해준 고급 실내가운을 입고 서재에 들어가니 서재 의자가 초라하게 느껴져 의자를 새로 바꾸었다. 의자를 바꾸니까 책상이 너무 낡아 보여 책상을 바꾸었다. 책상을 바꾸니까 서재 벽지가 오래되어 어울리지 않았다. 결국 친구가 선물해준 실내가운 때문에 서재 전체를 바꾸게 되었다. 경제학에서는 한 가지 물건을 구입하면서 그것과 어울리는 다른 것도 교체하는 현상을 '디드로 효과(Diderot Effect)'라고 한다.

평소에는 크게 부족하거나 결핍을 느끼지 못하다가 어떤 촉매제나 자극으로 인해 균형이 깨지면서 결핍을 느끼는 경우가 있다. 비교 대상이 생기면서 나에게 없는 부족한 것을 깨닫게 된다. 친구가 선물해준 실내가운으로 그동안 아무렇지도 않게 바라봤던 서재에 뭔가 불편함을 느꼈고, 새로운 촉매제인 실내가운을 기준으로 서재를 바라봤을 때 낡고 어색하다는 생각을 했다. 그래서 하나하나 바꾼 결과 서재의 환경이 새로워졌다.

회사는 '혁신'이라는 말을 많이 쓴다. 많은 사람들이 혁신이라는 것을 뭔가 큰 변화를 이루어내는 것으로 안다. 하지만 작은 것이라도 꾸준히 실행하면 달라진다. 에베레스트산을 처음 정복한 등산가에게 어떻게 이 높은 산을 올라갈 수 있었는지 물었을 때 그는 "한 걸음씩 한 걸음씩 올라왔다"고 했다. 작은 걸음을 계속 내딛다 보니 어느새 세상에서 가장 높은 산에 올라와 있는 자신을 발견한 것이다.

조직에서 기준 이하의 뭔가를 발견하고도 아무런 조치를 취하지 않으면 이것이 고착화되고 기준이 되어 문화로 자리 잡는 경우를 본다. 이와 반대로 조직의 악습이나 관행을 탈피하려고 자신을 돌아보며 질문을 던지고 부족한 것을 찾아내려고 애쓸 때 조직은 발전할 수 있다. 자기계발의 세계적인 권위자인 토니 로빈슨(Tony Robbins)은 "스스로에게 던진 질문의 질에 따라 자신의 삶의 질이 결정된다"고 했다.

조직은 계속 변화하고 새로워져야 한다. 그러기 위해서는 리더 나름대로 원칙과 방향을 정해 조직원의 변화를 유도해야 한다. 먼저 리더로서 구성원에게 기대해도 좋은 점을 물어서 조직원의 자발적 지원을 이끌어낼 수 있으면 좋다. 리더가 전략을 구상하거나 실행함에 있어 하나의 샘플을 보여주면 구성원은 그것을 본보기로 한다. 샘플은 본 물건을 만들기 전에 디자인, 품질, 가격 등을 파악하고 주변 사람의 의견을 듣기 위해 만들어진다. 즉, 샘플은 본 물건의 기준이 되는 것이다. 샘플을 통해 구성원은 리더가 추구하는 방향을 이해하고 이를 맞추기 위해 노력할 것이다. 그러면서 조직은 조금씩 혁신되어갈 것이다.

한 가지 일에 몰두하면 모든 것은 통한다는 말이 있다. 처음에는 아무것도 생각나지 않는데 계속 생각하다 보면 뭔가 보이기 시작한다. 작은 것 하나라도 소홀히 하지 않을 때 기회는 멀리 있지 않을 것이다. 큰 성과를 내는 기회들은 때때로 작은 일로 위장되어 있다.

천천히 서둘러라

유대인 속담에는 "천천히 서둘러라(Festina Lente)"라는 말이 있다. 이 말은 무슨 일을 할 때 급하게 하지 말고 충분한 시간을 가지고 꾸준히 하라는 이야기다. 교통사고는 도로의 규정속도를 잘 지키지 않을 때 발생한다. 규정속도를 잘 지키면 교통사고가 나더라도 큰 사고로 이어지지는 않는다. 급하게 서두르다 보면 미처 보지 못했던 것, 미처 대응하지 못한 것 때문에 사고가 난다.

요즘 애자일(Agile) 경영이 화두다. 빨리 시도해보고 시장 반응이 좋지 않으면 고쳐서 다시 시도해보는 것을 말한다. 제품 개발에 너무 오래 시간을 끌다 보면 시기를 놓칠 가능성이 크다. 애자일 경영은 고객의 요구를 한 번에 정확히 파악하기 힘들기 때문에 조금씩 개선해나가면서 방향을 맞추자는 이야기다. 가을에 수확을 하려면 봄에 씨를 뿌려야 한다. 그런데 이 씨를 뿌리려면 전년에 수확할 때 씨를 잘 받아 보관해놓고 내년을 기약해야 한다. 이렇게 보면 수확은 일의 끝이 아니라 시작의 준비과정이기도 하다. 모든 일은 연속성과 연관성을 가지며 결과에 다다른다. 그렇기 때문에 좀더 나은 방법은 없는지, 리스크나 문제가 발생할 소지가 없는지, 성과로 이어졌을 때 어떤 모습인지를 그려보면서 부족한 부분을 하나하나 보완해나가야 한다. 이런 과정을 반복할수록 완벽에 가까워질 것이다.

"한 가지 일에 깊이 오래 몰두하면 결국 모든 것은 통한다"고 이나모리 가즈오는 말했다. '천천히 서둘러라'라는 말은 꾸준히 하라는 이야기다. 한 가지 일에 오래 몰두하다 보면 어느 순간에 혜안을 갖게 된다. 막막해 보이는 것이 정리되고, 필요 없는 것은 떨어지고 필요한 내용들로만 요약된다. 골격이 나타나고 가지들이 붙는다. 준비기간이 촉박하면 가지들만 보게 된다. 골격까지 숙고할 시간이 없기 때문이다. 골격을 생각하는 데는 시간이 필요하다. 중요한 것은 쉽게 모습을 드러내지 않는다.

오래 생각하고 꾸준히 생각하면 잠재의식 중에 해마가 작동한다. 나는 가만히 있지만 해마가 이전의 자료들을 조합하고 정리한다. 그래서 자신도 미처 생각하지 않은 순간에 번득하고 아이디어가 나온다. 과학자, 발명가, 예술가 중에는 순간에 떠오른 아이디어를 훌륭한 업적으로 승화시킨 경우가 많은데, 이 역시 오랫동안 해마가 자극되었기 때문이다. 해마에 자극을 주기 위해서는 오랫동안 집요하게 물고 있어야 한다. 잠깐 짧게 생각하는 것은 해마까지 도달하지 못한다. 회사에서 과제를 준비하는 것도 마찬가지다. 당면해서 처리하는 데 급급한 경우가 많은데, 이렇게 처리한 것의 결과는 별로 남는 것이 없다. 오히려 여기저기 펑크가 나기 일쑤다. 리더는 마음의 여유가 필요하다. 실무를 챙기는 디테일도 좋지만 그렇게 하기에는 챙겨야 할 일이 너무 많다. 리더가 조직의 업무를 살피는 것도 필요하지만 너무 관여하다 보면 얼마 못 가서 지쳐버린다. 리더는 업무의 방향과 기대되는 성과에 대해 정리하고, 가장 중요한 일을 찾아서 해야 한다. 리더가 일상 업무에 너무 바쁘다 보면 핵심을 놓치기 쉽다.

노자가 쓴 도덕경에 '약팽소선(若烹小鮮)'이란 말이 있다. 이 말은 작은 생선을 요리할 때 삶듯이 차분히 기다리며 지켜보라는 뜻이다. 작은 생선을 자꾸 뒤집으면 생선의 모양이 망가지기 때문이다. 리더에게는 마음먹은 일은 시간이 걸리더라도 해내고야 말겠다는 의지가 필요하다. 의지는 곰곰이 생각하고 끊임없이 기회를 찾는 데서 성취와 연결된다. 시들지 않는 의지는 어떤 장애물도 넘게 만든다. 천천히, 그리고 꾸준히 준비하는 자에게는 반드시 언젠가 수확하게 될 열매가 기다리고 있다.

희미한 미래보다
눈앞에 놓여 있는 오늘

당대 가장 유명한 의사이자 존스 홉킨스 대학(The Johns Hopkins University) 설립에 큰 역할을 한 윌리엄 오슬로(William Osler)는 성공의 비결이 멀리 희미하게 보이는 미래보다 '오늘의 삶'을 충실히 살았던 데 있다고 했다. 많은 리더가 불투명한 미래에 대한 걱정과 불안으로 에너지를 쓰고 있다. 오늘을 충실히 사는 것이 곧 성공의 밑바탕이 되었다는 윌리엄 오슬로의 말을 되새겨볼 필요가 있다.

아무리 가까운 미래라도 오늘을 건너뛰고는 오지 않는다. 오늘은 어제를 어떻게 살았는지에 대한 부산물이고, 내일은 오늘 어떻게 살았는지에 대한 결과물이다. 오늘을 충실히 살지 않는다면 어떤 걸림돌에 걸려 넘어질지 모른다. 미국 건국의 아버지 중 한 사람인 벤자민 프랭클린(Benjamin Franklin)은 13개 항목으로 이루어진 일일 체크리스트를 만들었다. 그는 똑같은 실수를 반복하지 않기 위해 일일 체크리스트를 통해 하루를 돌아보았고, 하루를 돌아보지 않고는 잠자리에 들지 않았다고 한다.

목표에 다가가기 위해서는 매일 해야 할 일이 있다. 비록 목표한 양만큼 다 하지 못하더라도 매일 하는 것이 중요하다. 중단한다는 것은 쉽게 포기하는 것이다. 석박사 논문을 쓰는 학생이라면 아무리 논문이 써지지 않더라도 하루에 한 줄이라도 쓰고 덮어야 한다. 그러지 않으면 건너뛴 하루가 일주일이 되고, 일주일이 한 달이 된다. 공부도, 운동도, 일도 그렇다. 오늘 할 일을 내일 하려면 낯설고 하기 싫다. 그러다 보면 중간에 쉽게 포기하게 된다. 작은 강줄기가 모여 큰 강을 이룬다. 매일의 작은 노력이 모이면 큰 성과로 이어진다. 꾸준한 노력에는 연쇄작용이 일어나고 상승효과가 발생한다. 처음부터 연쇄작용을 바라면 안 된다. 엔진도 처음에는 천천히 돌다가 열을 받으면 가속이 붙는 것처럼 주어진 환경이 어렵고, 과제가 쉽게 풀리지 않아도 매일 꾸준히 노력하다 보면 장애물도 사라질 것이다.

자기계발도 마찬가지다. 단숨에 목표에 다가가기는 어렵다. 인간은 나약한 존재기 때문에 목표에 다가가기가 어렵게 느껴져 포기하고 싶은 유혹에 자주 노출된다. 그러나 하루하루 꾸준히 완성해가면 어느새 목표지점에 가까워진 것을 알 수 있다. 목표에 다가가기 위해서는 목표에 부합하는 가치 있는 일을 매일 반복해야 하는 것이다.

완벽한 리더란 존재하지 않는다. 리더가 되었다고 하루아침에 큰 안목을 갖추기도 어렵다. 매일 자신을 돌아보고 점검함으로써 성숙한 리더십을 갖추고 조직을 리드해나갈 수 있게 될 것이다. 바위에 구멍을 내는 것은 한 번에 내리치는 육중한 망치가 아니다. 끊임없이 떨어지는 한 방울의 물방울이 바위에 구멍을 낸다. 충실한 하루를 보내지 않으면 충실한 미래 또한 오지 않는다.

'이것'을 말할 수 있으면
자녀와의 관계는 성공적

아침에 출근하면 회사에서 제일 먼저 마주치는 사람은 안내데스크 직원일 것이다. 대부분의 직원은 안내데스크 직원과 간단한 목례 정도만 하고 지나친다. 안내데스크 직원의 이름 석 자를 불러주고 간단한 인사말을 건네보라. 안내데스크 직원이 반길 것이다. 그러면 출근 첫 시간부터 기분이 좋아진다. 조직의 리더는 타 부서와 협의할 일이 많다. 미팅을 할 때나 통로에서 마주칠 때 구성원의 이름을 불러주면 인간관계에 도움이 된다. 이름은 상대방에게는 자신을 존중하는 말로 들리기 때문이다.

삼성전자의 권오현 전 회장은 인간관계는 가정에서부터 시작한다고 말한다. 집에서 사랑받는 남편이나 아버지가 되느냐에 따라 직장에서 좋은 리더가 될 수 있다는 것이다. 일례로 권 회장은 "자녀의 친한 친구 이름 다섯 명을 댈 수 있으면 자녀와의 관계는 성공적이다"라고 한다. 조직의 리더는 해당 조직의 구성원 외에 회사 구성원의 이름을 몇 명이나 알고 있는가, 같은 층에 근무하는 구성원의 이름을 어느 정도 알고 있는가, 얼마나 자주 구성원의 이름을 불러주는가 의식해야 한다.

다음은 어느 일간지에 실린 기사다. 서울의 한 초등학교 교사는 매일 오전 9시 특별한 노래를 10분간 부른다. 바로 '행복송'이다. "지수가 행복하고 평안하기를, 혁주가 행복하고 평안하기를." 이렇게 매일 같은 반 학생들의 이름을 넣어 노래로 불러준다. 이름을 부르면서 서로의 행복과 평안과 건강을 기원해주며 하루를 시작한다. 아이들은 자기 이름이 불릴 차례가 오면 행복해하는 모습이 표정에서 나타난다고 한다. 어쩌다 바쁜 일로 행복송을 빠뜨리는 날이 있으면 아이들 사이에 다툼이 많아지고 학급 분위기도 거칠어지는 느낌을 받는다고 한다. 사람은 누구나 존중받기를 원한다. 존중받고 있다는 느낌을 주는 것이 바로 이름을 불러주는 것이다. 직함보다는 이름이 먼저다. 이름을 정확히 불러주고 그다음에 직함을 붙인다.

누군가가 소중한 내 이름을 불러준다는 것은 관심을 받고 있다는 증거일 수 있다. 인간미 넘치는 대통령으로 평가받는 오바마(Barack Obama) 전 미국 대통령은 퇴임 후 백악관을 들렀을 때 청소원, 주방장, 경비의 이름을 기억하고 일일이 악수를 청했다고 한다. 회사 내에서 업무 관련성이 없어서 내 이름을 모를 것 같은 사람이 내 이름을 불러주면 깜짝 놀란다. 내색은 하지 않지만 그 사람에게 호감이 간다.

이름을 기억했다가 정확히 부르자. 이름을 불러주면 업무협조가 한결 부드럽게 이루어질 것이다. 자기 이름을 불러주는 사람은 특별히 기억에 남는다. 직함보다 훨씬 인간적으로 다가온다. 우리는 자주 이름을 잊고 산다. 이름 대신 김 팀장, 박 과장, 이 프로 등 업무와 관련된 직책으로 불려진다. 직책 앞에 이름 석 자를 붙여주자. 이름 석 자를 부르는 데 많은 시간이 걸리지 않는다. 나와 우호적인 관계, 인간적인 관계를 만드는 데는 이름을 기억하고 부르는 게 출발점이다.

PART

3

내일이
아니라
오늘

마음의
방수구역

배는 침몰을 방지하기 위해 여러 구획으로 나누어 방수구역을 만든다. 이 방수구역은 비상상황이 발생해 배에 물이 들어와도 구간별로 격리되어 있어 배를 안전하게 지켜준다. 마찬가지로 인생이라는 항로에서 우리가 안전하게 항해하려면 어제와 내일을 차단하는 방수구역을 만드는 것이 필요하다. 이미 죽어버린 과거와 단절하고 아직 태어나지 않는 미래를 차단해야 한다.

긍정적으로 생각하는 것은 마음에 방수구역을 만드는 것이다. 미국의 루스벨트(Franklin Roosevelt) 전 대통령은 소아마비 후유증으로 지팡이를 짚고 다녔지만, 대공황 때 미국인들은 루스벨트 대통령을 소아마비 환자로 보지 않았다. 대신 미국인들은 그를 "우리가 두려워해야 할 것은 두려운 감정뿐"이라고 역설한 강력한 리더로 보았다.

걱정이 발목을 잡고 있으면 앞으로 나아가지 못한다. 걱정하는 것의 95%는 일어나지 않는다고 한다. 걱정이 문제를 해결해주지 않는데도 어떤 사람은 일을 시작하기도 전에 걱정부터 앞세운다. 리더가 걱정할 일이 많은 것은 리더에게 주어진 일이 그리 녹록지 않기 때문이다. 리더에게 부여된 과제는 대부분 리더가 스스로 해결할 수 없는 일이 많다. 그래서 일을 진행하다 보면 여러 암초를 만나 계획대로 잘되지 않는다. 이런 걱정은 리더만의 걱정이 아니다. 리더가 책임을 맡고 있는 이상 걱정 자체를 안 할 수는 없다.

걱정도 습관이다. 어떤 사람은 없는 걱정도 만들어서 한다. 일을 시작하기 전에 실패를 걱정한다. 또 일이 잘 안 풀리면 꼬리에 꼬리를 물고 걱정한다. 걱정하느니 차라리 걱정에 대한 준비를 하는 것이 현명하다. 걱정은 일의 결과를 부정적으로 생각할 때 일어난다. 걱정은 생각을 마비시킨다. 마비된 생각으로는 문제를 해결하기 어렵다. 실패나 실수에서는 교훈만 얻고 잊어버리는 것이 우리 자신을 위해서 가장 좋다. 걱정을 매일 지고 갈 수는 없다. 걱정을 줄이는 가장 좋은 방법은 일에 전념하는 것이다. 걱정이 뚫고 들어오지 않을 정도로 일에 몰입하는 것이다. 너무 바빠서 죽을 시간도 없다는 우스갯소리를 들어본 적 있을 것이다. 너무 바쁘면 걱정할 시간도 없다. 영국의 처칠(Winston Churchill) 전 수상은 제2차 세계대전 때 하루에 18시간씩 일했다. 누군가 처칠에게 부담감이 너무 커서 걱정이 많겠다고 말하자 처칠은 너무 바빠서 걱정할 시간이 없다고 말했다. 사람은 일에 몰두할 때 걱정 대신 안정감, 내면의 평화, 행복감을 느낀다.

걱정은 스트레스를 동반한다. 과도한 스트레스는 위궤양, 심장병, 협심증, 암으로 발전할 수 있다. 걱정으로 해결되는 문제는 없다. 설사 걱정이 마음 한구석을 뚫고 들어오더라도 마음 전체에 전이되지 않도록 해야 한다. 《걱정을 멈추면 건강을 얻는다》라는 책을 쓴 포돌스키(Edward Podolsky) 박사는 미국인의 사망원인 중 1위가 심장질환이라고 한다. 제2차 세계대전 동안 33만 명의 군인이 전장에서 사망했을 때, 같은 기간 동안 미국에서 심장병으로 사망한 민간인은 무려 200만 명이라고 한다. 또 해마다 자살한 사람의 수가 다섯 가지의 흔한 전염병으로 죽은 사람을 합친 것보다 많다. 이러한 원인은 바로 걱정 때문이다.

세계에서 가장 큰 스탠다드 오일 컴퍼니를 세운 존 록펠러(John Rockefeller)는 53세 때 사람이 아닌 미라처럼 보였다. 기업을 지키고 확장하기 위해 늘 긴장하며 걱정으로 가득 찬 날들을 보냈기 때문이다. 의사들은 이런 록펠러의 생명을 구하고자 세 가지 규칙을 지키라고 조언했다. '걱정하지 마라', '마음을 편하게 가져라', '음식을 주의해서 먹어라'이다. 그가 걱정을 극복하기까지 오랜 세월이 필요했지만 걱정을 극복한 결과 98세까지 살았다.

리더는 불확실한 미래를 잡아보려고 애쓰기 때문에 걱정이 따라붙는다. 멀리 희미하게 보이는 미래보다 오늘 눈앞에 분명히 해야 할 업무에 몰입해야 한다. 어제의 걱정에 더해진 내일이라는 걱정을 오늘 지고 가면 아무리 튼튼한 리더라도 휘청거릴 수밖에 없다.

일에 전념하면
매듭이 풀린다

어려운 일과 마주하다 보면 둘러 갈 길을 먼저 찾는 것이 인간의 본성이다. 그러나 과감히 장애물에 직면해 돌파해나갈 때 남다른 내공이 생긴다. 이런 경험을 해본 리더는 자신감을 가지고 있다. 어떤 어려운 난관에 부딪치더라도 자신감이라는 동력을 자본으로 돌파한다. 앞이 보이지 않을수록 지금 하는 일에 전념하는 것이 지름길이다.

일본에서 경영의 신이라고 일컬어지는 이나모리 가즈오도 신이 도와주고 싶어 할 만큼 한결같이 일에 전념하라고 했다. 그러면 아무리 고통스러운 순간에도 분명 신은 손을 내밀어 반드시 성공하도록 도와준다는 것이다. 시간은 누구에게나 똑같이 주어지는 자본금이다. 평등하게 주어진 자본금을 잘 활용하는 것은 원하는 것을 얻게 해준다. 오늘의 장애물 때문에 하던 일을 멈칫거리면 내일은 더 큰 장애물이 기다리고 있다. 장애물이 있더라도 계속 가는 수밖에 없다. 장애물을 받아들이고 극복하기로 마음을 먹으면 장애물은 몸을 낮춘다. 반대로 장애물을 피해 가려고 하면 장애물은 더 커진다. 어려운 환경일수록 하는 일에 전념하는 것이 홀가분하다. 리더가 불안한 마음을 가지고 있으면 목표보다는 장애물이 크게 보일 때가 많다. 불안한 마음을 줄이는 것이 지금 하는 일에 집중하는 것이다. 어려운 과제라도 집중해서 방법을 찾으면 의외로 답이 나올 수 있다.

리더의 수명은 정년이 없다. 리더의 성과가 좋으면 일정 기간 조직을 이끌다가 승진해 더 큰 조직을 이끌겠지만 성과가 부진하면 금세 교체된다. 리더의 자질이 부족하면 여기저기서 말이 나오기 시작하고, 구성원들은 이런 분위기를 금방 알아챈다. 조직의 성과가 리더의 수명과 관계가 있지만 항상 그렇지만은 않다. 어떤 리더는 성과가 좋아도 교체되는 경우가 있는데, 경영진은 조직의 성과가 외부환경 덕분인지 아니면 장애물을 극복한 리더의 노력 덕분인지 간파하기 때문이다.

현실적으로 어려운 일이 주위를 맴돌 때나 마음이 혼란스러울 때 지금 하는 일에 전념하자. 불투명한 미래의 걱정에 매달리지 말고 당장 내 눈앞에 펼쳐진 일에 전념하자. 해결되지 않는 문제에 얽매이지 않고 해결될 수 있도록 현재에 충실하는 것이 답이다. 그러기 위해서는 지금 하고 있는 일에 매진하는 것이다. 주어진 여건에 불평을 품기 전에 그 에너지를 지금 하는 일에 쏟아 넣는 것이 해결의 가능성을 훨씬 높여준다.

'유지자사경성(有志者事竟成)'이라는 말이 있다. 뜻이 강하고 굳은 사람은 어떤 난관이 봉착해도 기어코 자신이 마음먹었던 일을 성취하고야 만다는 뜻이다. 편하고 쉬운 과제는 없다. 과제가 어려울수록 장애물도 많다. 정리되지 않은 복잡한 문제가 얽힌다. 완벽한 순간을 기다리기보다 일단 어떤 일이라고 잡고 그 일에 전념하는 것이다. 일은 서로 연관되어 있다. 매듭이 풀리듯이 어떤 일이 계기가 되면 연쇄반응을 일으킨다. 풀리지 않던 문제가 일에 전념하다 보면 실마리가 보인다. 미래는 어떻게 될지 아무도 모른다. "충실한 오늘을 매일매일 계속해나간다." 일본 기업인 교세라의 경영 철학이다.

불평과 비판은
가시덤불

아래 직원을 호통치면서 리더십을 발휘하려는 리더가 있다. 그래야 직원들에게 리더의 권위가 세워지고 일 잘하는 사람으로 비춰질 것으로 착각한다. 하지만 리더에게 조직원을 함부로 대해도 된다는 권한은 없다. 어떤 경우라도 조직장은 공개석상이나 다른 사람들이 있는 장소에서 조직원을 비판하거나 비난하는 일은 삼가야 한다. 리더라면 조직원을 비난하기 전에 오히려 자신이 조직원의 비난을 받을 만한 일을 하지 않았는지 자신을 돌아봐야 한다. 직급이 높을수록 자신은 실수를 하지 않는 사람이라고 생각하는 경향이 있다. 조직원이 말이 없다고 해서 조직장에게 불평이 없는 것이 아니다. 조직장은 조직원의 숨은 마음속에 있는 소리까지 귀를 기울여야 한다.

리더라는 직책에는 인내가 요구된다. 지위가 올라갈수록 더 많은 인내가 요구된다. 조직장이 조직원과 잘 지내자고 다짐하더라도 그 다짐은 아침 출근과 동시에 연기처럼 사라지기도 한다. 지시한 내용과 다른 엉뚱한 보고서를 가져오는 직원, 오래전에 지시한 업무를 깔고 뭉개고 있는 직원을 보면 인내심이 휴화산에서 활화산으로 변해간다. 하지만 이때 리더는 화산이 터지지 않도록 조심

해야 한다. 한번 더 상대 직원 입장에서 생각해보고, 지적할 사항은 최대한 감정은 자제하고 논리적이고 객관적으로, 그리고 평상시 톤으로 말해야 한다. 또 직원의 사소한 실수는 가볍게 넘어가주는 너그러움과 센스도 겸비하면 좋다.

요즘 젊은 조직원들은 조직장이 실무자로 있던 예전과는 다르다. 이들은 워라밸을 추구할 뿐만 아니라 자기계발에 대한 욕구도 강하다. 조직장은 조직원을 배려해야 한다. 아니 배려해야만 살 수 있다. 그렇지 않으면 배가 흔들린다. 조직원 중에는 조직장보다 나이가 많은 사람도 있을 수 있다. 이들은 자신이 하고 있는 업무에서 경력이나 능력 면에서는 조직장을 앞지르는 경우도 있기 때문에 더욱 신경을 써야 한다.

조직장은 조직원보다 연봉을 많이 받는다. 조직장의 경험과 역량에 대한 프리미엄이다. 구성원을 잘 리드해 성과를 내라는 인센티브다. 리더는 실무자의 잘잘못을 말하기 전에 먼저 해야 할 것이 있다. 실무자의 입장에서 이야기를 듣는 것이다. 이때 중요한 것은 실무자의 말을 자르지 않고 끝까지 듣는 리더의 태도다. 이런 태도를 유지하려면 인내심이 필요하다. 실무자의 처음 몇 마디에 어떤 상황인지 가늠되더라도 일단 이야기를 끝까지 들어야 한다. 실무자의 이야기를 끝까지 들어보지도 않고 판단하는 것은 금물이다. 리더는 무오류의 존재가 아니기 때문이다. 실무자의 말을 자르고 섣부른 판단을 하는 것은 자신이 무오류, 무결점의 인간이라 생각하는 오만의 결과이며, 이런 태도의 리더는 존경받기 어렵다. 또 실무자가 지시한 방향과 다른 보고서를 가져오면 먼저 리더가 업무 지시를 명확히 했는지 생각해봐야 한다. 인풋이 정확해야 아웃풋이 정확히 나온다. 두리뭉실하게 업무지시를 해놓고 원하는 보고서가 아니라고 불평하면 안 된다.

조직을 맡은 리더가 직위를 이용해 자신만의 방식으로 구성원을 함부로 대한다면 구성원은 자신이 가지고 있는 능력을 차단해 버린다. 일의 잘잘못을 떠나 리더로부터 불평을 들은 구성원은 일이 하기 싫고 일에 대한 열정이 잦아든다. 리더한테 불평을 들은 구성원은 리더와 가까이하기를 꺼린다. 아이디어가 있어도 리더와 상의할 마음이 내키지 않는다. 리더와 갈등이 있는 구성원은 불평을 듣지 않을 정도만 업무를 처리한다. 더 나은 대안이 있어도 불평을 자주 하는 리더에게는 거리를 둔다. 리더도 여러 부류가 있다. 구성원의 잘잘못을 일일이 꼬집는 리더, 매사에 불평불만인 리더, 구성원의 실수를 너그럽게 이해하고 넘어가는 리더, 구성원의 부족한 점을 이해하고 조언을 통해 더 나은 결과물이 나올 수 있도록 독려하는 리더도 있다. 당신이 구성원이라면 어떤 리더와 함께 일하고 싶겠는가.

구성원을 자기편으로 만들고 자발적인 협조를 만들어내기 위해서는 구성원에게 불평하면 안 된다. 불평을 들은 팀원은 겉으로는 따르는 척하지만 리더의 눈길이 닿지 않는 곳에서는 리더를 외면하고, 리더가 시키는 최소한의 일만 한다. 구성원도 자신의 실수를 알고 더 잘하려는 마음을 가지고 있다. 리더는 구성원의 부족한 점을 이해하고 더 잘할 수 있도록 격려하고 지원해주는 마인드를 가지고 조직을 이끌어야 한다. 성과는 불평과 비판 속에서 나오지 않는다. 불평과 비판은 가시덤불과 같아서 좋은 싹이 움터 나오는 것을 막아버린다.

최선을 희망하되
최악에 대비하라

'스톡데일 패러독스(Stockdale Paradox)'라는 말은 베트남전에서 전쟁포로로 8년을 지낸 제임스 스톡데일 제독의 이름을 딴 것이다. 이 말은 크리스마스나 부활절에는 석방될 것이라고 근거 없이 희망을 품은 포로들은 번번이 좌절감을 경험하며 심신이 약해져 죽음을 맞이했지만, 스톡데일은 자신이 처해 있는 상황을 인정하고 자신이 할 수 있는 일을 하며 기다린 결과 살아서 고국으로 돌아올 수 있었다는 사례에서 유래된 말이다. 이 사례는 어떠한 환경에서도 '최선을 희망하되 최악에 대비하라'라는 교훈을 준다.

일본에서 경영의 신으로 추앙받았던 마츠시타 고노스케는 댐식 경영을 강조했다. 이는 경영에 위기가 닥칠 것을 대비해 평소에 경영체력을 보강하고 있어야 한다는 것이다. 배는 잔잔한 물결만을 위해 만들어지지 않았다. 악천우에도 견딜 수 있게 설계되었다. 빌딩이나 주택도 마찬가지다. 지진에 대응하기 위해 내진설계를 한다. 폭풍우나 지진은 일상적으로 일어나지 않는다. 그렇다고 해서 배나 건물이 이런 사태에 대응할 수 없게 설계되었다면 폭우가 오거나 지진이 발생할 때 침몰하거나 붕괴될 것이다. 경영에서도 돌발변수가 생길 수 있다. 환율변동, 인플레이션, 유가변동, 기후변화, 안전사고 등 예측하기 어려운 변수가 산재해 있다. 이런 돌발변수에 대응하려면 사전에 계획을 가지고 있어야 한다.

운동도 마찬가지다. 건강할 때는 운동의 필요성이 크게 느껴지지 않지만, 건강에 적신호가 생기면 평소 운동으로 면역력과 체력 관리를 제대로 하지 않은 것을 후회한다. 조직도 마찬가지다. 항상 어떻게 준비할 것인지 대비를 해야 한다. 리더는 맡은 조직의 존재 이유를 염두에 두고 조직의 역할과 돌발변수에 대응할 준비를 하고 있어야 한다. 요즘 경영환경에서 돌발변수의 빈도는 잦아지고 강도는 더 거세지고 있다. 이런 돌발변수는 언제 어떤 방식으로 찾아올지 예측하기 어렵다.

위기가 오면 망하는 기업이 있지만, 오히려 위기 때 성장하는 기업도 있다. 기업이 망하는 데는 여러 원인이 있다. 이 중에는 성과가 부진한 경우도 있지만 시장의 변화나 트렌드를 잘 읽어내지 못해 대응 전략을 구축하지 못한 경우도 있다. 상품과 투자를 담당하는 조직에서 잘못된 투자로 인해 회사에 큰 손실을 끼칠 수도 있다. 이처럼 외부환경 요인이 원인일 수도 있지만 내부적인 원인으로 서서히 침몰하는 경우도 있다. 개별 조직은 전체 회사 규모로 보면 작은 조직이다. 그렇기 때문에 조직의 변화를 잘 인식하지 못하는 경우가 있다. 마치 빙산이 수면 밑에서 서서히 녹듯이 그 변화를 잘 인식하지 못하는 것이다. 조직장은 조직 변화의 중심에 있다. 위기가 찾아올 때 일 잘하는 조직장과 그렇지 않은 조직장이 가려진다. 조직장은 근거리에서도 원거리에서도 조직이 역할에 충실할 수 있도록 계획하고 준비하고 있어야 한다.

조직은 리더의 눈높이를
넘지 못한다

아이폰은 탁월함을 위해 절대 타협하지 않는 스티브 잡스의 눈높이에서 비롯되었다. 무엇이든 한 번에 글로벌 수준에 다다를 수는 없다. 수많은 실패와 시행착오를 감내해야 글로벌 수준으로 다가간다. 에디슨(Thomas Edison)은 전구를 발명하기 위해 1,000번의 실패를 반복했다.

조직의 성과는 리더의 눈높이를 넘지 못한다. 리더의 눈높이가 글로벌 수준이면 조직의 성과도 글로벌 수준에 근접한다. 리더의 눈높이가 로컬 수준이면 조직의 성과도 로컬 수준을 넘지 못한다. 이와 같은 결과는 조직원은 리더의 눈높이에 맞게 일을 처리하기 때문이다. 회사도 마찬가지다. 회사의 제품이나 서비스도 최고경영자의 눈높이 정도에 머무른다. 최고경영자가 글로벌 수준의 안목과 눈높이를 가지고 있다면 어떻게 해서든지 자사의 제품이나 서비스 수준을 글로벌 수준에 맞추려고 노력한다.

일본에서 소프트뱅크를 창업한 손정의는 리더라면 그 분야의 전문가와 가장 높은 수준에서 격론을 벌일 수 있는 능력을 갖추어야 한다고 했다. 리더는 자기 분야에서 최고 전문가로 평가받을 수 있도록 눈높이를 높이고 끊임없이 공부해야 한다.

리더의 눈높이를 글로벌 수준에 맞춰야 회사가 성장할 수 있다. 구성원에게만 눈높이를 올리라고 요구하면 안 된다. 리더 스스로 눈높이를 올리려는 노력을 해야 한다. 리더의 사고방식이 바뀌면 보는 대상도 달라진다. 그러기 위해서는 리더가 공부해야 한다. 구성원보다 더 열심히 공부해야 한다. 그렇지 않으면 시장의 변화에 앞서기보다 오히려 뒤처진다. 공부하지 않는 리더는 자신이 뒤처져 있는지도 모른다. 공부는 학창시절에만 하는 것이 아니다. 리더가 되었다고 구성원보다 많이 알고 있다고 생각하면 착각이다. 구성원들은 자기계발을 위해 꾸준히 학습하고 있기 때문에 공부하지 않는 리더보다 훨씬 더 똑똑하다. 그러므로 리더는 겸손한 마음을 가지고 항상 배우는 자세를 가져야 한다. 구성원에게도 모르는 것은 물어서 알아야 한다. 리더가 관성에 젖어 "나 때는"이라고 말기 시작하면 꼰대 소리를 듣는다. 성공한 리더들의 공통점은 학습을 게을리하지 않았다는 것이다.

워런 버핏(Warren Buffet), 빌 게이츠(Bill Gates) 등은 평소에 책을 많이 읽기로 소문난 리더들이다. 리더가 공부해야 창의적인 생각을 할 수 있고, 새로운 변화를 감지하고 대응력을 높일 수 있다. 리더의 눈높이를 높이려면 자기가 하고 있는 일에 애정을 가져야 한다. 자기가 하는 일에 애정을 가지지 않고는 높은 성과를 기대하기 어렵다.

진짜 문제는
문제를 바라보는 시각이다

'우리가 직면한 문제들은 우리가 그 문제를 발생시킬 때와 똑같은 사고방식으로는 풀 수가 없다'는 것이 상대성 이론을 만들어낸 아인슈타인(Albert Einstein)의 생각이다. 대다수의 문제는 바로 현재 방식을 토대로 하기 때문에 발생한다. 아인슈타인은 "문제해결을 위해 한 시간이 주어진다면 55분은 그 문제에 대해 생각하고 나머지 5분은 해결책을 찾는 데 사용할 것이다"라고 했다. 문제를 해결하기 위해서는 우리가 갖고 있는 그 무엇이 아닌 우리가 원하는 그 무엇에 초점을 맞출 필요가 있다.

사람들은 문제가 발생하면 원인보다 문제에 대한 책임을 회피하기 위해 핑계를 대려는 경향이 있다. 그러면 진짜 문제는 시야에서 흐려진다. '핑계 없는 무덤이 없다'라는 속담이 있듯이 모든 문제에는 다양한 사연이 관련되어 있다. 문제가 발생하면 자신의 문제로 생각하고 개선하려는 의지가 필요하다. 그렇게 하면 일을 대하는 태도가 달라지고 내가 일의 주체가 된다.

대부분의 회사는 문제의 원인보다 문제를 해결하는 데 초점이 맞춰져 있다. 이와 같은 해결법은 당면한 문제를 신속히 해결할 수는 있지만 근본적인 원인을 제거하는 데는 한계가 있다. 그렇기 때문에 유사한 문제가 반복적으로 일어난다. 사람의 병도 그 원인을 알면 치료하기 쉽다. 문제에는 그 문제를 발생시키는 여러 원인이 있는데, 문제의 근본적인 원인을 찾기 위해서는 문제에 끈기 있게 매달릴 필요가 있다.

우리는 대부분 문제의 1차 원인에만 집중한다. 문제의 2, 3차 원인을 잘 파악하지 않는다. 왜 이런 문제가 발생했는지 파고들지 않는 경우가 많다. 공장에서 생산된 제품 중에는 불량품이 생길 수 있다. 불량품이 생겼다면 왜 불량품이 발생했는지 깊숙이 파고들 필요가 있다. 생산라인에 있는 직원의 실수인지, 직원의 실수라면 직원이 왜 그런 실수를 했는지, 과로로 집중도가 떨어졌는지, 교육이 부족해 정해진 프로세스를 따르지 못했는지, 과로로 집중도가 떨어졌다면 직원이 왜 과로할 수밖에 없었는지, 교육이 부족했다면 왜 교육을 충분히 받지 못했는지 원인을 따져봐야 한다.

회사의 제품이나 서비스에 불만을 품은 고객은 이탈고객이 된다. 고객이 이탈하는 원인도 면밀히 살펴볼 필요가 있다. 고객은 제품이나 서비스에 대한 불만 자체보다 불만에 대응하는 회사의 태도 때문에 이탈하는 경우도 많다.

피터 드러커(Peter Drucker)는 혁신에 가장 큰 장애는 '매몰비용적 사고'라고 했다. 관습에 익숙해지면 매몰비용적 사고에 젖기 쉽다. 성과에 더 이상 기여하지 않는 자원을 포기하지 않고, 익숙한 것에만 머물러 있는 것이 매몰비용적 사고다. 특별한 이유도 없이 '그냥 그렇게 하니까', '여태까지 이렇게 했으니까' 하며 익숙한 것에는 문제가 없다고 생각하는 것이다. 리더는 문제를 해결하는 과정에서 매몰비용적 사고가 없는지 살펴야 한다.

PART

4

리더의
도구

도구 1.

원칙 : 원칙이 전략에 우선하다

여러분에게
사실을 제공합니다

미국의 뉴스 전문 채널인 CNN의 슬로건은 "여러분께 사실을 제공합니다"라고 한다. 정직하지 않은 기업, 깨끗하지 않은 기업이 성공한 사례는 비즈니스 세계에서 찾아보기 어렵다. 글로벌 기업일수록 정직을 최우선의 가치로 삼는다. 경영진과 조직장, 조직장과 조직원 간의 관계는 정직을 기초로 해야 견고하다.

경영진에게 보고서를 쓸 때는 정직하게 써야 한다. 경영진에게 보여주고 싶은 정보만 보고서에 담는 것은 정직하지 않다. 보고서에 불리한 내용을 은폐하거나 축소하거나 왜곡하는 행위도 정직하지 않은 행동이다. 업무를 수행하다 보면 이해가 상충되는 경우를 만날 수 있다. 특히 고객과 접점에 있는 책임자나 실무진은 고객으로부터 정직에 위배되는 요구를 받을 수 있다. 고객의 요구를 들어 줌으로써 고객의 편익이 생긴다고 하더라도 정직에 위배된다면 단호히 거절해야 한다. 고객의 부당한 요구를 거절함으로써 단기적으로 회사에 불이익이 발생한다고 하더라도 정직은 장기적으로 회사의 이익이 된다. 불투명하고 불확실한 시장에서 정직한 기업을 찾는 고객이 많기 때문이다.

필자가 몸담고 있는 한미글로벌은 5개의 핵심가치를 가지고 있는데, 이 중 첫 번째가 정직이다. 한미글로벌의 핵심가치인 "우리는 언제나 바르게 생각하고 바르게 행동하며 서로에게 솔직하게 행동한다"는 정직을 잘 나타내고 있다.

문제의 원인은 조직의 구성원이 바르게 생각하고 행동하는 것을 거부하면서부터 발생한다. 부정직한 행동으로 인해 생겨난 문제를 해결하려면 더 많은 문제가 생긴다. 첫 번째 단추를 잘 꿰어야 다음 단추도 잘 꿰인다. 첫 번째 단추는 정직이다. 정직은 상황에 따라 불편하고 부자연스럽게 받아들여질 수 있다. 그러나 정직 이면에는 따뜻한 인간미가 스며 있다. 공정이 숨어 있고 도덕과 성실이 깔려 있다. 정직으로 해결되거나 얻을 수 있는 이익이 부정직으로 얻을 수 있는 편익보다 훨씬 많다.

기업이 정직하기 때문에 피해를 보는 경우가 있다. 특히, 영업 단계에서 정직하기 때문에 피해를 볼 수 있다. 경쟁이 치열하기 때문에 수주를 위해 각종 로비가 성행한다. 영업 담당자는 실적을 올려야 하기 때문에 이러한 유혹을 물리치기가 쉽지 않다. 정직하게 행동하지 않는 것이 관행처럼 업계에 퍼져 있더라도 정직한 기업은 시장에서 고객의 신뢰를 받기 때문에 살아남는다. 시장에서 고객의 신뢰를 잃으면 회복하기 어렵다. 정직은 전략 중에서 으뜸가는 전략이다. 회사에서도 신뢰를 받으려면 우선 정직해야 한다. 정직한 리더는 약삭빠르게 행동하는 리더보다 승진은 더딜지 모르지만 회사의 버팀목이 된다.

공격과 수비의
기본 자세

검도에서는 여러 자세 중 '중단'이라는 자세를 제일 먼저 익힌다. 중단은 양손에 검을 잡고 상대방의 양미간을 조준하는 것이다. 중단 자세만 제대로 익혀도 상대방이 쉽사리 공격하지 못한다. 중단 자세는 공격과 수비의 기본 자세다. 투명 경영도 마찬가지다. 투명 경영으로 무장하면 거짓이 쉽게 뚫고 들어오지 못한다.

정직은 사람 사는 세상이나 비즈니스 세계에서 가장 기본이 된다. '리비히의 법칙(Liebig's Law)' 또는 '최소량의 법칙'이라는 것이 있다. 식물이 자라는 데 필수적인 여러 영양소가 있는데, 이 중에서 한 가지라도 부족하면 식물은 제대로 성장할 수 없다는 것이다. 기업을 경영하는 데 있어서 정직도 이와 같다. 회사가 하는 일을 직원들이 신뢰하면 생산성은 배가된다. 사람들은 거짓된 깃발 아래 모여들지 않는다.

성과나 역량이 아무리 뛰어난 인재라도 정직하지 않은 사람으로 비춰지면 조직에서 버티기 어렵다. 리더는 무엇보다 정직한 사람으로 인식되어야 한다. 조직장이 소속 구성원을 평가할 때도 사사로운 감정에 매달리면 안 된다. 조직장은 구성원의 업무 성과를 평가하는 것이지 구성원과의 친분을 평가하는 것이 아니기 때문이다. 구성원이 부여된 목표를 달성했는지, 목표를 달성하기 위해 어떠한 노력을 했는지를 보고 객관적으로 평가해야 한다. 기업에서 고객만족도 조사를 하는 경우가 있다. 고객평가와 관련된 조직이나 담당자가 고객에게 좋은 점수를 받기 위해 종종 편법을 쓰는 경우도 있다. 이런 편법을 쓸 바에야 시간과 비용을 들여서 고객만족도 조사를 할 필요가 없다. 고객만족도 조사를 하는 목적은 자사의 서비스나 제품의 품질이 고객의 요구에 얼마나 잘 맞춰졌는지를 알아보기 위한 것이다. 부족한 부분이 있다면 그 부분을 개선해 고객의 니즈에 더 부합하는 것을 만드는 것이 목표지 고객에게 부탁해 좋은 점수를 받는 것이 목표가 아니다.

리더는 투명한 모습을 보여주어야 한다. 소비자로부터 사랑받는 기업은 직원들과 정보를 투명하게 공유한다. 뉴발란스가 임금 수준이 최고인 미국에 공장을 두면서도 생산성을 유지할 수 있었던 것 또한 이러한 결과에서 비롯되었다. 그렇기 때문에 글로벌 기업일수록 투명성에 가치를 둔다.

투명한 기업일수록 생산성이 높다. 어떻게 하면 성과를 올릴 수 있는지 직원들과 투명하게 공유하기 때문에 생산성 향상에 도움이 된다. 문제를 왜곡하지 않고 공유하기 때문에 업무 개선이 잘 이루어진다. 투명성은 성실성을 동반한다. 투명하기 때문에 내부가 그대로 투영된다. 주어진 자원을 올바로 사용하기 때문에 거짓, 왜곡 등의 폐기물이 적게 발생한다. 정보를 투명하게 공유하기 때문에 기업이라는 배의 계기판을 신뢰할 수 있다.

최고의 가치 '정직'

세계 제1의 자동차 부품업체인 보쉬의 창립자 로베르트 보쉬(Robert Bosch)는 "신뢰를 잃는 것보다 돈을 잃는 것이 더 낫다"고 했다. 정직의 가치는 생존의 가치이다. 정직하지 않은 기업은 살아남지 못한다. 독일에서 '거짓말쟁이'라는 말은 가장 심한 욕이라고 한다. 독일에는 '정직이 최선의 계책이다', '정직이 가장 오래 간다', '거짓말은 짧은 다리를 가지고 있다' 등 정직과 관련된 속담이 많다. 거짓말은 거짓말을 낳고 얼마 안 가서 들통난다. 거짓으로 얻을 수 있는 것은 주변의 냉대와 불신이다. 독일 정치인은 정직한 집단으로 국민들로부터 존경을 받았다. 독일의 메르켈(Angela Merkel) 전 총리는 깨끗한 사생활과 청렴성으로 국민의 존경을 받았다. 독일의 제5대 총리인 헬무트 슈미트(Helmut Schmidt)는 정직성을 대표하는 정치인이다.

사회에서나 조직에서 정직하지 않은 사람은 신뢰를 받지 못한다. 어떤 사채업자는 담보를 잡고 돈을 빌려준 적은 없고, 신용만 보고 돈을 빌려주는데도 돈을 떼인 적이 없다고 한다. 그만큼 신뢰는 중요하다.

'윗물이 맑아야 아랫물도 맑다'라는 속담이 있다. 리더가 정직해야 조직이 정직하다. 조직이 정직하면 정직한 제품과 정직한 서비스가 만들어진다. 아무리 우수한 제품이라도 제조 과정에서 소비자에게 정직하지 않은 사실이 드러나면 소비자로부터 외면을 받는다. 조직장의 성과는 조직원의 성과와 직결된다. 따라서 조직장과 조직원은 한배를 탄 것이나 다름없다. 조직장이 정직하게 처신해야 조직원들도 본을 받는다. 조직장이 정직하게 행동하지 않으면서 조직원에게만 정직을 강요할 수는 없다. 정직은 사소한 것에서부터 시작된다. 리더가 스스로 회사의 규정을 지키는 파수꾼의 역할을 해야만 조직이 건강해질 수 있다.

매년 조직에게 주어진 목표는 도전적인 목표이기 때문에 성과를 달성하기가 녹록지 않다. 하지만 성과에만 집착하다 보면 회사 규정을 무시하면서까지 무리하게 추진하고픈 마음이 생길 수 있다. 정직이나 각종 규정을 벗어나게 만드는 유혹이 뒤따른다. 성과를 위해 회사 규정을 무시할 경우 당장은 드러나지 않지만 여러 경로를 통해 회사에서 이를 감지한다. 리더가 규정을 어기고 얻는 득보다 회사 규정을 지키지 않아 보는 손실이 훨씬 크다. 회사의 이익을 위해 규정을 어길 수밖에 없다고 항변하지만 이 말을 지지해줄 사람은 없다. 성과에 대한 집착이 강하면 무리수를 두게 된다. 바둑에서도 욕심이 과해 무리수를 두게 되면 진다. 성과 달성에 대한 의욕은 필요하지만 집착으로 변질되지 않도록 리더는 스스로 관리해야 한다.

거짓으로 불리한 상황을 일시적으로 모면할 수 있어도 길게 가지 못한다. 거짓으로는 얻을 것이 없다. 정직은 습관이다. 하루아침에 정직한 사람이 되기는 어렵다. 정직으로 단련되지 않으면 불리한 순간에 위기를 빠져나가기 위해 거짓의 유혹에 쉽게 넘어간다.

정직하지 않은 기업은 소비자가 외면하지만 정직한 기업은 소비자가 외면하지 않는다. 정직하면 처음에는 손해를 보고 불리한 상황에 놓이게 되는 것처럼 느껴진다. 하지만 정직의 가치는 아름답고 그 열매는 달다.

밥 한번 먹자

비즈니스 세계에서 약속은 지키는 것이 미덕이 아니라 반드시 지켜야 할 본질이다. 사소한 약속이라도 지켜야 한다. 약속에는 중요하지 않은 것이 없다. 흔히 "밥 한번 먹자"라는 말을 쉽게 한다. 보통 인사치레 정도로 생각하고 쉽게 잊기도 한다. 하지만 상대에 따라서는 이 말을 기억한다. 밥 한번 먹자고 한 말도 상대에게 약속한 것이기 때문에 허투루 지나쳐서는 안 된다.

조직장이 하는 업무도 마찬가지다. 윗사람이 지시한 업무는 반드시 이행해야 한다. 조직장이 "네" 하고 응답했다면 윗사람과 조직장과의 약속이다. 윗사람은 지시한 내용을 잊을 수도 있겠지만 조직장은 그냥 뭉개서는 안 된다. 조직장은 경영진으로부터 여러 가지 지시를 받는다. 때로는 지시한 내용을 다 수용하기 힘든 경우도 있다. 경영진이 원하는 시간 내에 원하는 수준으로 맞추기 어렵더라도 중간에 관련된 내용을 보고해야 한다. 일의 진척이 더디면 왜 더딘지, 언제쯤 완성될 것인지 미리 보고하는 것이 좋다. 경영진은 조직장에게 지시한 내용을 잠시 잊을 수는 있지만 완전히 잊는 경우는 거의 없다. 경영진은 조직장에게 지시한 업무와 관련된 일을 추진하다가 지난 번 조직장에게 지시한 내용이 기억날 것이다. 지시한 날로부터 상당한 기간이 지났는데 조직장으로부터 아무런 피드백을 받지 못하면 괘씸한 생각마저 들 수 있다.

신뢰를 쌓아가는 첫 번째 관문은 약속을 지키는 것이다. 독일인은 약속을 쉽게 하지 않는다. 지키지 못할 약속은 하지 않고 반드시 지킬 약속만 하기 때문에 그렇다. 독일인은 '밥 한번 먹자'는 약속도 약속이기 때문에 꼭 지킨다. 그래서인지 독일에는 예약하고 가지 않는 '노쇼'가 거의 없다. 식당이든 공연이든 사정이 생길 경우 사전에 연락을 주면 다른 사람이 이용할 수 있는데, 노쇼를 하면 해당 업체의 손해뿐만 아니라 그곳을 이용하려는 사람들 모두에게 피해를 끼치는 것이므로 없어져야 할 행위다. 누구든 상대와의 약속을 지키지 않을 권리는 없다.

약속을 지키려면 쉽게 약속하면 안 된다. 약속을 지키지 않는 것은 습관이다. 조직장이 약속을 지키지 않는 것이 반복되면 조직원의 신뢰를 잃는다. 아무리 사소한 약속이라도 약속은 약속이다. 약속은 지키는 것이다. 그 이상도 그 이하도 아니다. 약속은 지킬 때 빛을 발한다. 상대가 잊고 있어도 약속은 살아 있다. 문화 수준이 높을수록 약속을 잘 지킨다. 약속을 지키지 않는다면 스스로 낮은 문화 수준에 머무르고 있는 것이다. 약속을 지키는 사람은 신뢰가 간다.

인풋과 아웃풋

심리학자인 장 피아제(Jean William Fritz Piaget)는 '생각'을 'Representation'이라고 정의했다. 이 단어는 보여주다(Presentation)의 의미에 반복을 뜻하는 Re가 붙여진 단어다. 즉, 다시 보여준다는 의미다. 우리는 '문득 생각이 났다'라는 말을 종종 쓴다. 동양에서는 생각을 '문득(聞得)'이라는 말로 표현한다. 들을 '문(聞)'에 얻을 '득(得)', 즉 '언젠가 들은 것을 다시 떠올린다'라는 의미다. 생각에 대한 정의는 서양과 동양이 같다. 언젠가 들었던 것, 보았던 것, 읽은 것, 체험한 것을 다시 떠올린다는 의미다. 인간은 이전에 보고, 듣고, 경험한 것 이외에 새로운 것을 떠올리는 것은 불가능하다. 재료가 좋아야 좋은 음식을 만들 수 있듯이 좋은 생각을 하려면 재료가 좋아야 한다. 인풋이 좋아야 아웃풋이 좋다. 책을 많이 읽고, 좋은 것을 듣고, 의미 있는 것을 경험하는 것이 좋은 생각을 떠올리는 데 필수 조건이다.

일본에서 키우는 관상어 중에 '고이'라는 것이 있다. 고이는 잉어의 일종으로 어항에 넣어서 키우면 5~8cm 정도 자라고 연못에서 키우면 15~25cm 정도 자라는데, 강물에 방류하면 90~120cm 정도까지 자란다고 한다. 이처럼 고이가 자신을 가둔 틀에 맞게 자라듯이 품은 뜻이 바르고 사심이 없다면 하는 일의 성과가 고이처럼 커질 것이다. "우리의 삶은 우리 생각대로 만들어진다"는 말은 마르쿠스 아우렐리우스(Marcus Aurelius Antoninus)가 《명상록》에 쓴 말이다. 생각이 바르면 결과도 바르다. 인풋과 아웃풋의 관계가 그렇다. 성공의 최대 적은 시장도 기술도 아니다. 마음가짐이다.

양심은 스스로 무엇이 옳은지 그른지를 안다. 양심은 인간으로서 선한 마음, 좋은 마음이다. 정직은 양심의 소리에 응답하는 것이다. 정직하지 않은 행동은 먼저 마음으로부터 거부감이 생긴다. 뭔가 불편하고 감추고 싶은 마음이 생기는 것은 부정직한 행동에 대한 양심의 알람이다. 정직을 말하는 기업은 많아도 정말로 정직한 기업은 많지 않다.

성공은 다른 사람을 행복하게 해주는 데서 시작하고 마쳐야 한다. '황금률(黃金律, Golden Rule)'이라는 것이 있다. 이 말의 뜻은 '남에게 대접을 받고자 하는 대로 너희도 남을 대접하라'는 것이다. 즉, 남이 내게 바라는 대로 남에게 해주라는 의미다. 패니는 황금률을 실천함으로써 미국의 최고 부자 중 한 사람이 되었다. 《황금률로 보낸 50년(Fifty Years with the Golden Rule)》이라는 책에는 패니가 인간으로서 평생 올바른 일을 행함으로써 미국 최고의 갑부가 된 일화가 소개되어 있다.

조직의 리더는 의사결정을 해야 할 때가 많다. 리더가 뭔가를 결정할 때는 원리원칙을 가지고 결정을 내려야 한다.

신뢰는
기적을 낳는다

전설적인 야구 선수인 베이브 루스(Babe Ruth)는 경기를 하기 전에 미리 '볼에 대한 선언'을 했다. 이번 경기에서 홈런을 어느 방향으로 칠 것인지를 예언하면 볼은 정확히 그 방향으로 날아가 홈런이 되었다. 이는 그가 자신의 신념을 굳게 믿었기 때문이다. 사람들이 상황을 진짜라고 정의하면 진짜 결과가 생기는데, 이를 사회학에서는 '토머스 정리(Thomas Theorem)'라고 한다.

우리의 신념과 의지는 외부 환경에 의해 좌우되는 경우가 많다. 오랫동안 그렇게 훈련을 받았기 때문이다. 외부 환경이 주는 조건에 따르도록 훈련되었다. 중요한 것은 무엇을 내면화했느냐에 달려 있다. 미국의 존 F. 케네디(Kennedy, John Fitzgerald) 전 대통령은 "사람을 달에 보냈다가 안전하게 지구로 귀환하는 로켓을 만들려면 무엇이 필요한가"라는 기자들의 질문에 "해내겠다는 의지"라고 답했다. 관점이 바뀌면 불가능해 보이는 일도 가능하다. 괴테는 "무엇을 할 수 있기 전에 우선 무엇인가 되어야 한다"고 했다. 이미 마음속에 그리고 있다면 그대로 된다는 것이다. 반대로 이미 마음속에서 그렇게 되기 어렵다고 생각하면 그렇게 안 될 것이기 때문이다.

약국에서 감기약을 살 때 성분을 꼼꼼히 비교하며 사는 사람은 거의 없다. 귀에 익숙한 감기약 브랜드를 많이 찾는다. 업계에서는 3M 제품을 구매하면 해고될 일이 없다는 인식이 있다. 신뢰할 수 있는 기업의 제품을 선택해야 후회할 일이 없다는 것이다.

의사는 보통 자기 가족의 수술은 직접 하지 않고 신뢰하는 동료 의사에게 맡긴다. 가족에 대한 연민과 감정이 개입되어 판단이 흐려져 정확한 의사결정을 방해할 수 있기 때문이다. 조직의 리더가 구성원을 대할 때 감정에 치우치다 보면 공정하게 처신하기 어려울 수 있다. 조직의 리더는 초기에 조직원의 신뢰를 얻는 것이 중요하다. 이들 사이에 신뢰 관계가 잘 형성되지 않으면 구성원은 리더의 지시를 잘 따르지 않는다. 조직의 신뢰 형성은 리더의 몫이다. 리더가 신뢰를 얻으려면 먼저 겸손해야 한다. 겸손한 리더는 구성원의 의견을 경청한다. 구성원을 존중하고 구성원의 의견을 무시하거나 가볍게 여기지 않는다.

포춘(Fortune) 100대 기업의 사례를 보면 관리자와 직원 사이에 신뢰지수가 높은 기업은 수익률이 일반 기업보다 3배 높다는 분석 결과도 있다. 리더는 자신이 말한 내용에 대해 일관된 자세를 가질 필요가 있다. 주변 상황이나 분위기에 따라 태도가 바뀐다면 구성원은 어리둥절하고, 이는 리더에 대한 신뢰를 약화시키는 요인으로 작용한다. 리더라도 항상 옳은 판단만 할 수 있는 것은 아니다. 판단이 틀린 것을 알아차렸다면 구성원에게 이유를 솔직히 이야기하고 수정하면 된다. 그런데 언제 그런 말을 했느냐는 듯이 태도를 바꾸면 구성원은 리더를 신뢰하지 않게 된다. 리더가 신뢰를 잃는다는 것은 구성원 사이에 벽이 하나 생기는 것과 다름없다. 다음에 또 상황이 변하면 리더의 태도가 바뀔 것이기 때문에 신뢰하지 않는다. 리더가 구성원을 신뢰한다는 인식을 심어주는 것 또한 리더가 구성원으로부터 신뢰를 받을 수 있는 중요한 요소다. 리더가 솔선수범의 자세를 가진다면 구성원의 자발적 신뢰를 받을 수 있다. 리더와 구성원 간 신뢰를 통해 자발적으로 협조가 이루어지면 목표를 초과 달성할 수 있다.

혼다의 슬로건은 '꿈의 힘을 믿는다'라고 한다. 꿈의 힘은 신뢰의 바탕 위에서 이룰 수 있다. 신뢰는 인간의 한계를 초월하게 해주고, 길을 잃지 않게 해준다. 위대한 성과를 거둔 리더들 중 일시적으로 실패, 좌절 등 장애물을 경험하지 않은 경우는 흔치 않다. 리더는 높은 벽처럼 앞을 가로막는 두려움, 걱정, 부정적인 생각들을 떨쳐 버리고 성취를 믿고 앞으로 나아가는 사람이다. 미국 디즈니랜드 에는 다음과 같은 문구가 새겨져 있다.

"당신이 꿈꿀 수 있다면, 당신은 그 꿈을 이룰 수 있다(If you can dream it, you can do it)."

도구 2.

안전 : 안전은 타협할 수 없는 가치

가장 무서운 말은
'관행'이었다

2001년 9월 11일 뉴욕에 있는 세계무역센터가 테러로 화염에 휩싸이면서 붕괴되었다. 이 건물에는 모건 스탠리라는 세계적인 금융회사가 입주하고 있었다. 모건 스탠리의 보안책임자인 릭 레스콜라(Rick Rescorla)는 주변의 반대에도 불구하고 매뉴얼에 따라 연 4회 모건 스탠리의 전체 직원을 대상으로 비상대피훈련을 실시했다. 9.11테러로 세계무역센터 건물에 입주해 있던 수많은 사람이 목숨을 잃었지만, 모건 스탠리의 직원은 2,687명 중 13명만이 목숨을 잃었다. 안타깝게도 릭 레스콜라는 건물에 남아 있는 직원을 확인하려고 안으로 들어갔다가 빠져나오지 못했다. 모건 스탠리가 다른 입주사의 관행처럼 평소에 고비용의 인건비를 아끼려고 비상대피훈련을 소홀히 했다면 9.11테러 당시에 많은 직원이 생명을 잃었을 것이다.

　중대재해처벌법에서는 중대산업재해가 발생하거나 발생할 급박한 위험에 대비해 근로자 대피 등에 대한 매뉴얼을 만들고, 그 매뉴얼에 따라 조치했는지를 반기 1회 이상 점검하도록 되어 있다. 하지만 비상대피훈련을 소홀히 하는 사업장이 많다. 비상대피훈련을 형식적으로 하거나 온라인 교육 등으로 대충하는 경우도 있다. 뿐만 아니라 비상대피로에 물건을 적재해 막상 비상사태 시 비상대피로가 제대로 작동하지 않는 경우도 있다. 사무실이나 사업장에는 오래 근무한 사람도 있지만 신규 입사자들이나 국내외 출장지에서 본사로 발령받아 본사에 근무한 지 얼마 안 되는 직원들이 있다. 오래 근무한 사람들은 비상대피로를 잘 알고 있지만 신규로 입사한 직원들이나 본사발령을 받은 지 얼만 안 되는 직원들은 비상대피로가 어디 있는지 잘 모르는 경우도 있다. 비상대피로를 이용해 대피하는 것에 익숙하지 않으면 화재 등 비상사태가 발생할 경우 당황하게 된다. 유독가스가 뿜어져 올라오는 상황에서 반사적으로 대피하지 않으면 자칫 위험한 장소에서 빠져 나오지 못할 수도 있다. 그래서 비상대피훈련은 항상 몸에 숙달되어 있도록 반복적으로 훈련해야 한다.

　건설프로젝트는 시공 전단계(Pre-construction Phase)에서 시뮬레이션을 통해 발생 가능한 관리요소를 예측할 수 있도록 준비한다. 즉, 설계단계부터 '미리 지어보기'를 통해 리스크를 최소화하고 프로젝트의 목표를 달성하기 위한 일련의 활동을 하는데, 이를 프리콘(Pre-construction)이라고 한다. 마치 모건 스탠리가 비상상황을 대비해 평소에 비상대피훈련을 한 것과 마찬가지다. 건설프로젝트는 안전뿐만 아니라 공사비, 공사기간, 품질수준도 프리콘의 완성도에 깊은 영향을 받는다. 하지만 관행이라는 이유로 프리콘을 생략하거나 제대로 하지 않는 건설프로젝트가 많다. 건설프로젝트는 프리콘을 통해 시공 이전단계부터 돌다리도 두들겨가며 안전과 품질을 관리해야 한다.

'위험 항상성 이론'에서는 위험이 증가하면 사람이 조심하게 되는데 위험이 감소하면 조심성이 떨어진다고 한다. 즉, 사고 위험이 적은 곳에서 사고가 일어날 여지가 많다는 것이다. 우리 사회가 목격하는 대형참사는 대부분 잘못된 관행이 반복된 결과였다. 많은 산업에서 관행이라는 이유로 절차와 규정이 제대로 지켜지지 않고 있다. '하인리히의 법칙(Heinrich's Law)'은 '1 : 29 : 300 법칙'이라고도 부른다. 이는 중대재해, 일반재해, 사소한 사고의 발생 비율이 1 : 29 : 300의 법칙을 따른다는 것이다. 이 법칙에서 300은 관행으로 지나쳤던 사소한 사고다.

원칙이 있는데도 '이전에도 이렇게 했는데', '원래 이렇게 하는 데', '다른 사람들도 다 그렇게 하는데', '이렇게 해도 아무 문제가 없었는데' 하고 절차와 규정을 무시해버린다. 우리 사회의 참사 원인을 살펴보면 잘못된 관행에서 출발했다. 리더는 관행에 사로잡히면 안 된다. 리더는 관행이라는 이유로 구성원을 위험에 처하게 해서는 안 된다. 안전사고는 건설현장에서만 일어나는 것이 아니다. 리더는 모든 업무 수행과정에서 구성원의 안전을 최우선으로 해야 한다.

리더의
안전 책무

듀퐁의 창업자는 '안전하게 할 수 없으면 그 일을 하지 말아야 한다'는 철학을 가졌다. 용기 있는 사람의 반대말은 겁쟁이가 아니라 관습에 순응하는 사람이다. 공장이나 건설현장, 사무공간에서 업무를 할 때 주어진 조건이 안전이나 건강에 좋지 않은 영향을 주는 환경이라는 것을 발견한다면 그냥 지나치기보다 관리자에게 개선을 요구할 수 있어야 한다. 안전시설이 미흡하거나 안전에 지장을 주는 장애물이 있는 경우 근로자는 안전하게 작업할 수 있는 환경을 요구할 권리가 있다. 그러나 많은 사람들이 개선하려면 절차도 복잡하고 요구한다고 쉽게 개선될 것 같지도 않아 포기해버리고 만다. 지금 하고 있는 업무도 바쁜데 성가시게 일을 만들어 더할 필요가 없다고 생각한다. 이런 생각을 하는 사람들이 많으면 곳곳에 위험한 환경이 노출된다. 반면에 미국이나 영국에서는 작업조건이 안전하지 않으면 근로자는 작업을 거부하는 권리를 적극적으로 사용한다. 안전하지 않으면 그 일을 하지 않을 수 있는 용기가 필요하다.

영국은 세계에서 가장 낮은 사망사고율을 기록하고 있다. 영국에서는 건설현장의 안전사고를 방지하기 위해 발주자(건축주)의 역할과 책임을 강조하는데, '건설산업에서 부정적인 형태는 발주자(건축주)의 부정적인 행태의 거울이다'라고 한다. 당연한 이야기다. 발주자(건축주)는 설계사나 시공사를 선정할 수 있는 권한과 자금을 집행할 막강한 힘을 가지고 있다. 그렇기 때문에 설계사나 시공사는 설계과정이나 시공과정에서 안전, 원가, 품질, 공정 등을 발주자의 요구조건에 맞출 수밖에 없다. 발주자(건축주)의 안전의식이 높으면 역량 있는 업체를 선정하기 때문에 현장의 안전관리 수준이 높아져 사고예방에 효과적이다.

국내 굴지의 건설회사인 S사가 있다. S사 현장에 들어가면 안전시설이 잘 갖추어져 있어 안전한 분위기를 느낄 수 있다. 필자는 동

남아에 진출한 S사 현장에도 가보았는데 국내 현장과 별반 다름없이 안전시설이 잘 갖춰져 있었다. 근로자들도 안전장구를 제대로 착용하고, 안전수칙을 잘 지킨다. 이런 결과는 리더가 말로만 안전을 외치는 것이 아니라 실천적으로 안전을 우선시하는 안전문화를 만들었기 때문이다. 리더의 안전의식이 미흡한 건설현장에 가보면 곳곳에 안전시설이 미흡한 게 눈에 많이 띈다. 무엇보다 안전장구는 자신을 지키는 보호막임에도 귀찮다거나 번거롭다는 이유로 제대로 착용하지 않는 근로자도 있다.

회사로 말하면 최고경영자나 최고경영자가 권한을 위임한 경영자, 조직의 리더는 높은 안전의식과 함께 안전에 대한 책무가 주어졌음을 자각해야 한다. 법에서 요구하는 안전수준을 초과해 구성원의 안전을 최우선으로 해야 한다. 안전한 문화를 만드는 것은 리더의 몫이다. 리더가 인간존중 철학을 바탕으로 안전을 최우선으로 해야만 안전한 문화가 구축된다. 그래야 나도 안전하고 남도 안전할 수 있다.

안전 리더십

하인리히의 저서 《산업사고 방지론(Industrial Accident Prevention)》에 나와 있는 '사고방지의 기초와 5단계 모델'을 보면 안전에 대한 철학을 최상위에 배치했다. 이는 안전에 대한 리더의 신념에 따라 안전관리 수준이 좌우된다는 것이다.

싱가포르는 국가 차원에서 안전 리더십을 강조하고 있다. '깨끗하고 안전한 싱가포르(Clean and Safe Singapore)'를 국정철학으로 삼고 있는 싱가포르는 전 산업에 적용되는 불량업체 감시제도(BUS, The Business Under Surveillance)가 있어 정부 주도로 확실한 감시와 감독을 실시하고 있다. 건설산업에서는 설계단계부터 제3자에 의한 확인을 받도록 해 설계의 완성도를 높이고 있다. 영국에 있는 벨포어 비티사는 2020년 매출액이 약 12조 원이고 26,000명 정도의 직원을 보유하고 있는 세계적인 다국적 건설기업이다. 벨포어 비티사의 안전보건 목표는 '안전의 개인화로 무위험 추구'이다. 이 회사는 안전보건 방침을 실천하고자 매년 리더십을 강조한다. 관리상의 결함을 방지하기 위해 비슷한 규모의 타사의 건설현장보다 관리자를 2배 정도 많이 배치한다.

사우디의 국영 기업인 아람코는 발주자로서 모든 시공사에게 법규뿐만 아니라 아람코의 안전기준을 준수하도록 요구하고 있다.

안전기준은 시공사와의 계약서에 명시하며, 계약서의 별도목록에 상세하게 설명되어 있다. 시공사가 해당 기준을 지키지 않을 경우 공사비 지급 보류, 배상요구 및 현장에서 퇴출 등 강력한 조치를 취하고 있다. 이 회사는 시공사 및 협력업체를 대상으로 계약체결 15일 이내에 해당 공사에 대한 모든 건설활동의 안전계획, 모든 위험요소에 대한 식별 및 대응계획을 제출하게 한다. 해당 문서는 발주자의 안전조직이 원하는 수준이 되기 전까지는 승인을 받을 수 없으며 승인이 있어야 비로소 착공이 가능하다. 이와 같은 조치는 시공사가 안전기준을 준수할 수밖에 없도록 만든다.

리더가 안전책무의 중요성을 인식해 안전에 대한 철학과 의지를 표방하는 것이 안전한 일터를 만드는 기초가 된다. 안전은 85 : 15의 원리다. 관리적인 대책을 잘 세우고 실행하면 사고의 85%는 예방이 가능하다는 원리다. 안전은 리더가 먼저 챙겨야 한다. 탁월한 성과는 안전을 발판으로 나오기 때문이다.

안전습관

미국 재무장관을 역임한 폴 오닐(Paul O'Neill)은 알코아사에서

CEO로 13년간 재직했다. 폴 오닐은 재임 중 인사, 재무, 관리 등의 경영개선보다는 안전에 관한 '나쁜 습관 하나 고치기'를 고집했다. 그는 안전한 일터를 만들기 위해 핵심 습관을 설정하고 습관화 정도를 안전수치로 평가하는 등 안전에 대한 지표를 정량화하고 이를 시스템화했다. 이 안전 시스템은 알코아사의 습관으로 자리 잡았고 그가 퇴사한 후에도 안전에 대한 습관으로 꾸준히 모니터링되었다. 폴 오닐의 이런 안전에 대한 경영철학은 알코아사를 위기에서 5배 이상 성장시키는 원동력이 되었다. 건설산업의 경우 안전사고가 발생하면 간접적인 손실액은 직접적인 손실액의 11배에 달한다.

미국에서는 총에 맞아 죽는 사람보다 계단에서 넘어져 죽는 사람이 많다고 한다. 계단에는 추락을 방지하기 위해 난간이 설치되어 있다. 그러나 많은 사람들이 난간을 잡고 계단을 오르내리지 않는다. 난간을 잡는 습관이 몸에 배지 않았기 때문이다. 글로벌 회사인 듀퐁에서는 오래전부터 직원이 사무실에서 계단을 내려올 때 계단 난간을 잡지 않거나 자동차 탑승 시 전 좌석에서 안전벨트를 매지 않는 것이 발각되면 해고 사유에 해당되었다고 한다.

구성원 개개인의 습관, 조직의 습관을 안전지표로 전환하면 안전사고 예방에 효과적이다. 안전지표는 선행지표와 후행지표로 나눌 수 있다. 후행지표는 안전사고 건수, 안전관리 부족으로 받은 패널티와 같은 것이 대표적이다. 반면에 선행지표는 안전사고를 방지하기 위한 일련의 활동들이 포함된다. 예를 들면 안전교육, 안전예산, 안전점검 등이 대표적인 지표들이다. 이와는 별도로 회사 특성에 맞게 선행지표를 만들 수 있다. 예를 들면 공장이라면 일일 안전회의를 통해서 어디에 위험요소가 있는지를 식별하고 대책을 세우는 것이다. 그리고 작업반장 주재하에 위험을 방지하기 위해 어떻게 행동해야 하는지 근로자에게 위험에 대응할 수 있도록 교육하는 것이다.

도시나 건축물이 얼마나 인간적으로 설계되었는지를 알려면 장애인 시설을 보면 알 수 있다. 마찬가지로 기업이 선진기업인지를 알려면 안전을 얼마나 최우선적으로 지키는지를 보면 알 수 있다. 일례로 선진 기업들은 모든 행사에 앞서 위급 상황에 대비해서 대피로를 먼저 안내한다. 실내뿐만 아니라 실외 행사에서도 안내한다. 착공식을 하는 공사현장의 넓은 대지에서도 위급한 상황이 발생하면 어디로 대피해야 하는지 안내한다.

법은 질서나 안전을 위해 최소한 지킬 것을 규정한다. 사무실, 공장, 건설현장 등 근로자가 근무하는 환경은 많은 위험에 노출되어 있다. 사무 환경이라고 해서 위험요인이 없는 것이 아니다. 누전, 화재, 출입문과의 충돌, 끼임, 계단에서의 넘어짐 등 위험이 도사리고 있다. 법에서 다루지 않더라도 근로자의 안전을 위해 안전한 습관이 몸에 배도록 하는 것이 필요하다.

안전사고가 발생하면 언론을 통해 보도되기 때문에 기업의 명성에 먹칠을 하게 되어 브랜드 가치가 떨어진다. 뿐만 아니라 사회적이슈로 제품의 불매 운동까지 벌어질 수 있다. 조직의 리더는 폴 오닐이 그랬던 것처럼 안전을 경영의 최우선 순위로 간주해 안전한습관이 몸에 배도록 해야 한다.

안전의 본명은 생명

2022년 10월 30일 일요일 아침 뉴스를 보고 눈과 귀를 의심했다. 대한민국의 심장부 서울 도심 한복판에서 대규모 인명 피해가난 뉴스를 넋을 잃고 보았다. 이태원 참사였다. 안전사고는 공장과건설현장에서만 일어나지 않는다. 서울은 1km²당 15,000명이 넘게 살고 있다. 뿐만 아니라 나라 전체가 반나절 생활권이다. 마음만 먹으면 어디서든 관심 있는 지역 행사에 참석이 가능하다. 우리는 순식간에 인구가 폭발적으로 모일 수 있는 생활권에서 살고 있다. 출퇴근 시간 전철역, 극장가, 대형 쇼핑몰, 대형 행사장, 각종 경기장은 사람들이 한꺼번에 몰려 혼잡도가 극에 달한다. 이와 같은 장소에서는 언제든 제2, 제3의 이태원 참사가 도사리고 있다. 질서와 통제가 무너진 곳에는 사고와 사고의 깊은 상흔만 남는다.

고용노동부의 통계를 보면 2022년 우리나라 산업현장에서 874명이 생명을 잃었다. 하루에 2.4명 꼴로 귀중한 생명이 산업현장에서 스러졌다. 2022년 건설현장에서만 402명이 생명을 잃었고 이는 전체 산업에서 46%를 차지한다. 건설현장에서 이렇게 많은 사고가 나는 것은 안전에 대한 악순환이 반복되기 때문이다.

발주자(건축주)가 시공업체를 선정할 때 우선순위에 두는 것은 안전이 아니라 가격이다. 그래서 대부분의 발주자(건축주)는 최저가로 입찰한 시공사를 선정한다. 안전에 대한 책임의식이 미흡한 발주자(건축주)는 시공사가 안전을 책임지는 주체라고 생각한다. 최저가로 선정된 시공사는 마찬가지로 저가 업체에게 하도급을 줄 수밖에 없다. 저가로 낙찰된 하도급 업체에 일을 맡기면 공사의 품질이 떨어지고 안전을 꼼꼼하게 챙기기 어렵다. 고부가가치 산업인 설계나 엔지니어링 업체도 가격 위주로 선정하는 경우가 많다. 설계비가 충분하지 않기 때문에 설계의 완성도가 떨어진다. 예를 들면 높은 곳에서 작업하는 것을 최소화하도록 시스템화해서 설계에 반영하면 추락사고를 예방하는 데 효과적이지만 이를 설계에 반영하지 못한다. 안전이 충분히 검토되지 않은 설계도면은 시공단계에서 위험을 동반한다. 또한 디테일이 부족한 설계도면은 시공단계에서 잦은 설계변경을 일으킨다. 설계변경이 잦으면 공사비가 상승하고, 공사기간에 영향을 준다. 이는 기한을 맞추기 위해 단기간에 장비와 인원을 집중 투입하는 '돌관공사'로 이어지고, 결국 안전시설, 안전교육 등이 갖춰지지 않은 상태에서 무리하게 공사를 진행하다가 사고로 이어진다. 안전사고의 악순환이다.

건설현장에서는 작업을 착수하기 전에 위험성 평가라는 것을 한다. 어떤 절차로 작업이 진행되며 어떤 곳에 안전사고를 일으킬 위험요소가 도사리고 있는지 사전에 평가해 대비책을 세우는 것이다. 특히 위험한 작업에는 작업허가제를 실시한다. 예를 들면 밀폐공간에서 작업하려면 사전에 관리자에게 신고해 안전대책을 수립했는지를 확인한다.

건설프로젝트를 예로 들면 안전사고를 방지하기 위해서는 역량 있는 업체를 선정해야 하고, 역량 있는 업체가 제대로 공사할 수 있게끔 적정한 공사비와 적정한 공사기간을 반영하는 것이 안전사고를 예방하기 위한 핵심이다.

안전한 사람을
만들어라

피터 드러커는 최고의 안전대책은 '안전한 사람을 만드는 것'이라고 했다. 안전한 사람은 그냥 만들어지는 것이 아니라 반복된 교육과 훈련을 통해 만들어진다. 위험을 인식하고 위험한 행동을 삼가는 것은 안전한 사람의 전유물이다. 우리 주변에서 안전사고가 발생하는 것은 위험을 위험으로 인식하지 않기 때문이다.

사업장에서 안전한 사람은 리더가 만들어야 한다. 안전한 문화와 안전한 사람을 만들기 위한 교육은 상의하달의 '탑다운' 방식으로 이루어지기 때문이다. 기업의 경우 최고경영자가 안전에 대한 철학과 의지를 대내외에 천명해야 한다. 조직의 리더는 조직원들에게 같은 방식으로 안전은 타협할 수 없는 가치로 강조하고 몸소 실천해야 한다.

건설산업 현장이나 제조공장에서만 안전사고가 발생하는 것이 아니다. 안전을 습관화하지 않으면 우리는 언제 어디서나 위험에 노출되는 환경에 살고 있다. 사무실에서 근무하는 근로자의 안전도 중요하다. 오랜 시간 의자에 앉아 있으면 근골격계에 이상 반응이 일어난다. 돌연사도 남의 일이 아니다. 직장에서 동료가 심장에 문제가 발생해 위급한 상황에 놓일 수 있다. 골든타임을 놓치지 않기 위해 심폐소생술은 누구나 익히고 있어야 한다. 화재를 대비해 사무실에 배치되어 있는 소화기 위치도 숙지해야 한다. 배치되어 있는 소화기의 정기검사 일자도 확인해야 한다. 평소에는 비상통로를 이용하지 않기 때문에 비상통로의 위치를 잘 알지 못한다. 알더라도 두 개의 비상출입구 중 하나만 아는 구성원도 많다. 만일 비상구 주위에 화재가 나면 다른 비상구로 대피해야 하는데 평소에 훈련이 잘되어 있지 않으면 신속히 대피하기 어렵다.

다음은 한국건설안전학회 안홍섭 회장이 강조한 '안전을 확보하기 위해 청산해야 할 잘못된 믿음'이다.

□ 내 일만 잘하면 된다.
□ 누구나 할 수 있다.
□ 제도만 만들면 문제가 해결된다.
□ 규제하고 벌칙을 강화하면 사고가 줄어든다.
□ 안전관리자만 증원하면 안전수준이 올라간다.
□ 안전관리자는 전담이어야 한다.
□ 안전비용만으로 사고예방이 된다.
□ 원인과 결과는 선형적이다.

안전은 누구도 예외일 수 없다. 안전한 사람은 교육이나 안전한 문화 없이는 만들어지기 어렵다. 안전에 대한 인식은 개인마다 편차가 있는데, 안전에 대한 교육과 소속된 집단의 안전수준의 영향을 받는다. 제도를 만들어서 규제하고 처벌한다고 문제가 해결되지 않는다. 산업현장은 안전과 관련한 제도와 처벌이 난무하지만 사고는 좀처럼 줄어들지 않는다. 안전사고가 발행하면 개인이나 그 가족, 기업 측면에서는 엄청난 정신적·물적 피해뿐만 아니라 생산성을 저해하는 요인으로 작용한다. 조직 전체가 안전에 대한 책무를 인식하고 실천할 수 있는 안전한 사람으로 구성된다면 사고를 획기적으로 줄일 수 있다.

도구 3.

수처작주(隨處作主) :

가는 곳마다 주인이 되라

이청득심(二淸得心)

바이올린을 배우는 데 가장 중요한 기관은 눈과 손이 아니라 귀라고 한다. 이스라엘 건국의 아버지 중 한 사람인 벤구리온(David Ben-Gurion)도 경청하는 습관은 좋은 리더십이 아니라 리더십의 열쇠 그 자체라고 했다. 이청득심은 '귀를 기울여 경청하는 것은 사람의 마음을 얻는 최고의 지혜다'라는 뜻이다. 사람의 마음을 얻으려면 우선적으로 상대방의 말을 주의 깊게 경청해야 한다.

탁월한 세일즈맨인 니도 쿠베인(Nido Qubein)은 고객의 말을 경청하면 그가 무엇을 필요로 하는지, 무엇을 원하는지 알 수 있다고 했다. 경청은 '나는 당신의 의견을 존중한다'라는 표현이다. 고객은 우리가 그들에 대해 관심이 있다는 사실을 알기 전에는 우리가 소개하는 서비스나 제품에 관심을 갖지 않는다.

미국의 사우스웨스트 항공사는 직원을 채용할 때 다른 것보다 태도를 본다. 항공사의 서비스 특성상 인재를 채용할 때 상대방의 입장을 얼마나 잘 배려하느냐를 태도로 판단한다. 불만을 가진 고객이 불만을 이야기할 때는 잘 듣는 것이 무엇보다 중요하다. 고객이 불만을 다 토로할 때까지 인내심을 가지고 경청하는 자세를 유지하는 것이다. 고객이 말하는 중간에 반박하거나 끼어들고 싶은 마음이 생기더라도 고객에게 공감을 표시하고 끝까지 듣는 것이 최선이다. 불만을 품은 고객이 불만을 제기할 때 중간에 끼어들거나 설명을 하려 하면 자칫 고객에게는 변명으로 받아들여질 수 있다. 불만을 품은 고객이 하고 싶은 말을 다 하고 어느 정도 평정심을 가지게 될 때까지 기다렸다가 그다음에 이야기하면 된다.

한번은 필자가 불만을 품은 고객을 만나러 간 일이 있었는데, 이 고객은 필자를 만나자마자 자신이 품고 있는 불만 내용을 약 1시간가량 늘어놓았다. 그런데 이야기를 마친 고객이 오히려 자신의 이야기를 들어주어서 고맙다고 하면서 처음보다 한결 부드러워진 모습을 보이는 경험을 한 적이 있다. 필자가 한 일이라고는 고객이 말하는 중간에 고개를 끄덕이며 공감의 뜻을 내비친 것뿐이었는데 말이다.

리더가 한 말을 구성원이 잘 따르는 것이 소통이라고 생각하는 리더가 있는데, 이는 일방향 소통이다. 많은 리더가 듣기보다 말하기를 좋아한다. 일방향 소통은 상대방의 공감을 얻기 어렵고 주입식이 되기 쉽다. 일방향 소통이 고착화되면 구성원은 수동적이 된다. 좋은 생각이 떠올랐다가도 나중에 이야기할 기회를 찾으려다 잊어버린다. 구성원이 리더에게 질문도 하고 자기의 생각을 말하는 것이 쌍방향 소통의 정석이다. 이때 말하는 것과 듣는 것의 비율을 2 : 8 정도로 가지는 것이 좋다. 하지만 많은 리더가 이와 반대로 행동하는 경우가 많다. 이는 리더 자신이 구성원보다 경험이 많고 더 많이 알고 있다는 오만 때문이다. 그래서 구성원의 소리에 귀를 기울이기보다 가르치고 지시하는 쪽에 더 무게를 둔다.

경청은 구성원을 이어주는 도구이면서 다리다. '불치하문(不恥下問)'이라는 말이 있다. 이 말의 뜻은 나보다 어린 사람, 지위가 낮은 사람에게서 배우는 자세를 가지라는 뜻이다. 리더가 착각에 빠지지 않으려면 고객과 구성원의 소리에 귀를 기울여야 한다.

주인으로 왔는지
객으로 왔는지

PM(Project Management) 서비스는 발주자(건축주)를 대신해서 건설프로젝트를 관리해주는 서비스다. PM회사에서 건설프로젝트 책임자로 파견한 사람을 단장이라고 칭하는데 단장은 PM회사를 대표해서 고객의 건설프로젝트를 관리해주는 역할을 한다.

한미글로벌은 매년 정기적으로 PM 서비스품질을 측정하기 위해 갤럽 등 외부 리서치 기관에 의뢰해 서비스품질조사를 실시한다. 서비스품질조사 설문문항 중에는 고객의 충성도를 측정하는 NPS(Net Promoter Score, 순추천 고객지수)라는 문항이 있다. 여기에서는 고객에게 '한미글로벌을 동료나 주변에 추천할 의향이 얼마나 있습니까'라는 단 한 문항만 질문한다.

이 문항에 대해 고객은 0점에서 10점까지 점수를 준다. NPS 측정은 고객이 준 점수에 대해 세 개 그룹으로 그룹핑한다. 0점에서 6점까지 준 고객을 비추천고객이라고 한다. 7점, 8점을 준 고객을 중립고객이라 하고, 9점, 10점을 준 고객을 추천고객이라고 한다. 비추천고객은 서비스를 받은 회사에 대해 부정적인 구전을 전파하는 고객이다. 중립고객은 어느 정도 만족은 하지만 조건이 더 나은 경쟁사가 나타나면 쉽게 이탈할 수 있는 고객이다. 반면에 추천고객은 서비스를 재구매할 뿐만 아니라 긍정적인 구전을 주변에 퍼트려 신규고객 확보에 기여한다. NPS는 충성도 좋은 고객을 얼마나 많이 확보하고 있는지를 판가름할 수 있기 때문에 기업의 밝은 미래를 가늠할 수 있다.

NPS는 추천고객 비율에서 비추천고객 비율을 뺀 값이다. NPS는 미국 배인앤컴퍼니가 2003년 〈하버드 비즈니스 리뷰〉에 발표하면서 많은 글로벌 회사에 적극 도입되었고 비즈니스 세계에서 각광을 받고 있다. 포춘 500대 기업에서 고객충성도를 확보하기 위해 NPS를 많이 사용하고 있다. 한미글로벌도 2007년부터 매년 한미글로벌이 수행하고 있는 전체 프로젝트를 대상으로 NPS를 측정하고 있다.

필자는 10여 년 넘게 조사한 NPS 결과를 바탕으로 고객으로부터 지속적으로 추천점수를 받은 단장의 특징과 비추천점수를 받는 단장의 특징을 분석했다. 분석 결과 추천고객과 비추천고객을 가늠하는 기준은 단장이 프로젝트에 주인으로 왔는지 객으로 왔는지 여부에 달려 있었다. 단장이 주인된 마음으로 고객의 프로젝트에 임하면 무엇보다 열정을 가지고 고객의 요구사항이나 문제점 해결에 적극적으로 대응하게 된다. 반면에 객으로 온 단장은 그와 반대다.

한미글로벌은 반기별로 경영진과 조직장이 참석해 고객가치 혁신회의를 가진다. 이 회의의 주요 주제 중 하나는 NPS다. 어떤 요인이 NPS를 향상시켰으며, 어떤 요인이 NPS를 저하시켰는지를 분석해 공유하는 것이다. 그 결과 한미글로벌의 2007년의 NPS는 20 정도 수준에 머물렀지만 15년쯤 지난 현재는 60 정도를 나타내고 있다. 글로벌 회사들 중에서도 NPS가 60이 넘는 기업은 드물다. 한미글로벌이 이렇게 높은 고객충성도를 보유할 수 있는 원인은 끊임없이 고객을 강조한 덕분이다. 한미글로벌은 고객의 성공을 핵심가치에 두고 있다.

붕어빵 틀에서는
붕어빵이 나온다

일본의 서비스에는 '오모테나시(おもてなし)'라는 말이 있는데, 이는 손님을 정성을 다해 배려하고 환대한다는 의미가 담긴 말이다. 배려한다는 것은 상대방의 입장에서 생각하고 살핀다는 뜻이다. 제넨텍이라는 항암제를 만드는 회사가 있는데 이 회사의 연구원은 정기적으로 말기암 환자를 방문한다. 연구원은 말기암 환자와 이야기를 나누면서 환자가 받는 고통을 환자의 입장에서 생각한다. 이러한 만남을 통해 연구원들은 자신이 하는 일이 얼마나 보람된 일인지 생각하고 연구에 매진한다. '고객 페인포인트(Painpoint)'라는 것은 서비스 진행과정에서 고객이 겪는 불편이나 문제점을 말한다. 고객의 페인포인트를 파악하기 위해선 고객의 입장이 되어봐야 한

다. 부산의 파라다이스 호텔은 고객 페인포인트를 잘 파악해 고객 서비스품질을 높인 사례를 갖고 있다. 이 호텔은 고객이 호텔을 예약하는 과정에서부터 퇴실할 때까지의 경로를 철저히 고객 입장에서 분석했다. 호텔에 묵은 고객이 체크아웃 후 부산에 더 머무르고 싶으면 여행가방을 들고 돌아다녀야 하는데 이때 가방이 짐이 된다. 이 호텔에서는 이러한 고객의 페인포인트를 파악해 고객이 체크아웃 후에도 가방을 보관했다가 원하는 시간에 기차역까지 배달하는 서비스를 제공해 고객의 불편함을 해소해주었다. 서비스를 잘하려면 상대방 입장에서 보면 된다. 상대방 입장에서 보면 안 보이는 것도 볼 수 있다.

스미소니언 박물관(Smithsonian Museum)에서의 한 일화는 상대방 입장을 잘 헤아린 사례다. 어느 날 이 박물관에 노신사가 찾아왔다. 이 노신사는 박물관을 관람하는 내내 허리를 구부리고 관람을 하고 있었다. 박물관 직원은 노신사가 허리가 불편한 줄 알고 휠체어를 가져다줄 생각으로 노신사에게 물었다. 그제야 노신사는 허리를 펴면서 자신은 초등학교 교장인데 내일 저학년 학생들이 이박물관을 견학하기로 예정되어 있는데 초등학교 저학년생의 눈높이에서 전시물을 관람하는 데 지장이 없는지를 답사하러 왔다고 했다. 초등학교 저학년생의 키는 성인의 허리 정도여서 성인이 서서 보는 것을 그들은 보지 못한다. 그래서 교장선생님은 먼저 답사를 하고 있었던 것이다.

오버슈팅(Overshooting)이라는 말이 있다. 기업들이 제품을 만들 때 제품의 기술 수준이 고객 요구 수준을 넘어서는 경우를 말한다. 이런 제품은 고객이 잘 사용하지 않는 기능까지 제품에 적용해 고가에 판매한다가 결국 고객의 외면을 받는 오버슈팅 현상이 생긴다. 제품을 만들거나 서비스를 제공할 때는 고객의 눈높이를 먼저 생각해야 한다. 고객의 눈높이는 고객의 입장이고, 고객에 대한 배려다. 서비스의 중심을 회사가 아니라 고객에 두어야 하는 이유다.

고승덕 변호사는 《고승덕의 ABCD 성공법》이라는 책에서 풀빵 기계 이론을 주장했다. 붕어빵을 찍어내는 기계에서는 붕어빵이 나온다. 국화빵을 찍어내는 기계에서는 국화빵이 나온다. 붕어빵 틀에서 국화빵이 나오지 않듯이 국화빵 틀에서 붕어빵이 나오지 않는다. 우리의 생각과 말과 행동은 우리 머릿속에 어떤 틀이 형성되어 있느냐에 따라 달라진다. 생각의 틀에 따라서 생각, 말, 행동이 영향을 받는다. 그래서 사고방식을 바꾸면 사람은 다시 태어난다고 한다. 입장이 바뀌면 대상물도 다르게 보이기 마련이다.

고객은 가격이 아니라 가치를 본다

고객은 시장에 널려 있는 제품보다 자신에게 어떤 가치를 주느냐에 관심이 있다. 마음에 드는 제품을 만나면 가격표를 보기 전에 가격을 매기는 것으로부터 가치를 판단한다. 다이아몬드는 유럽에서 고가이기 때문에 일부 귀족만 사용할 뿐 대중에게 인기가 없는 보석이었다. 하지만 다이아몬드 업체는 '다이아몬드는 영원합니다'라는 슬로건을 만들어 평생을 함께할 약속을 기념하는 약혼반지로 가치를 높였다. 약점을 강점으로 변화시킨 아이디어의 결과다.

핵심제품이 성숙기에 들어서면 차별화가 어렵고 가격경쟁이 치열한 범용재의 덫(Commodity Trap)에 걸리기 쉽다. 물이 0℃에서 어는 모습을 고속 촬영하면 차츰 변화하는 것이 아니라 어느 한순간에 얼음으로 결정화된다. 회사가 파산하는 데 공통적인 사이클은 서서히, 그러다 갑자기 파산한다는 것이다. 전설적인 아이스하키 선수 웨인 그레츠키(Wayne Gretzky)는 퍽이 있는 곳이 아니라 퍽이 갈 방향을 보고 움직였다고 한다. 리더도 당장의 실익보다는 시장의 성장 가능성과 협력의 강화 정도를 판단해 상대를 대해야 한다. 보통 사람은 일을 제대로 하지만 성과를 내는 리더는 제대로 된 일을 한다.

상품이 어떤 가치를 가지고 있느냐에 따라 가격이 달라진다. 가격은 가치를 좇아간다. 고객은 상품을 구매하기 전에 가격을 먼저 본다. 하지만 실은 가격표를 보는 것이 아니라 가치를 보는 것이다. 내가 상품을 구매함으로써 얻게 되는 가치와 가격을 비교한다. 가치가 가격을 넘어설 때 고객은 구매하게 된다. 마케팅 관점에서 가치는 가격 대비 품질을 뜻하는 '가성비'를 의미한다.

예전에 비해 고객의 눈높이와 기대수준이 많이 높아졌다. 기존 서비스를 약간 개선하거나 가격을 약간 낮추는 수준으로는 고객의 관심을 끌기 어렵다. 이제는 주목할 만한 상품을 발굴해 가치를 제공하려는 노력이 필요하다.

'리마커블(Remarkable)' 해야 고객의 눈과 마음을 사로잡을 수 있다. 리마커블은 '주목할 만한', '가치가 있고', '예외적이고', '새롭고 흥미진진' 하다는 뜻이다. 차창 밖으로 드넓은 초원에서 풀을 뜯고 있는 수많은 소 떼들 중에서 보라색 소를 보게 된다면, 그 순간 우리는 머리를 내밀게 될 것이다. 세스 고딘(Seth Godin)이 쓴 《보랏빛 소가 온다》의 내용처럼 말이다. 고객에게 최고의 가치를 제공하기 위해서는 우리의 상품도 리마커블해야 한다.

우리 주위에는 자동차, 오토바이, 가방, 시계, 의류 등 명품 브랜드가 많이 있다. 명품 브랜드의 처음이자 끝은 '품질'이다. 따라서 명품은 품질 관리와 이미지 관리에 심혈을 쏟고 있다. 명품은 스티브 잡스가 즐겨 쓰는 '혼을 빼 놓을 만큼 뛰어난(Insanely Great)' 열정에서 나올 수 있다. 기업은 가격, 가성비, 기능, 품질, 명성의 다섯 가지 중에서 하나를 선택해 차별화의 동력을 갖춰야 한다. 볼보를 한 번도 타보지 않은 사람들조차 '안전한 자동차' 하면 볼보를 떠올리곤 한다. 볼보는 지난 40여 년 간 지속적으로 '안전성'을 브랜드 이미지로 강조하고 있다.

할리 데이비슨 모터 사이클의 고객 중에는 할리 데이비슨 로고를 몸에 문신하고 다닐 정도로 할리 데이비슨을 애정하는 고객이 있다. 이는 기업의 브랜드 로열티가 강하다는 증거다. 그만큼 할리 데이비슨이 추구하는 가치에 고객이 공감한다는 것이다.

피터 드러커는 '가치를 창조하는 것'이 기업의 존재 이유라고 했다. 사이먼 사이넥(Simon Sinek)은 가치(Value)의 정의를 '신뢰가 전달된 것'이라고 한다. 신뢰는 가치와 신념을 공유하는 것이다. 인간은 가치 있는 일을 할 때 보람을 느낀다. 리더는 물건을 파는 것이 아니라 가치를 팔아야 한다.

좋은 이익,
나쁜 이익

광고 전문지 〈애드버타이징 에이지(Advertising Age)〉에 따르면 일반인들은 하루에 3,000건 이상의 광고에 노출된다고 한다. 광고는 기업이 소비자들을 대상으로 선전하는 것이다. 그렇기 때문에 광고에는 다소 과장이 포함되어 있다. 소비자가 광고만 보고 샀다가 실망한 경우도 적지 않다. 필자는 TV홈쇼핑에서 옷을 산 경험이 있는데 소재가 생각했던 것보다 품질이 낮아 실망한 적이 있었다.

기업들이 얻는 이익에는 좋은 이익(Good Profit)과 나쁜 이익(Bad Profit)이 있다. 하지만 많은 기업들은 좋은 이익과 나쁜 이익을 구분하지 못하고 있다. 나쁜 이익은 소비자를 현혹시켜 얻는 이익이다. 기업이 과장광고를 통해 이익을 얻었다면 나쁜 이익이다. 나쁜 이익은 기업의 이미지에 먹칠을 한다. 나쁜 이익은 고객을 이탈하게 할 뿐만 아니라 기업에게 치명적인 나쁜 이미지를 남긴다.

좋은 이익은 이와 반대다. 고객이 제품이나 서비스를 경험한 후 기대 이상의 만족을 얻었다면 고객은 해당 제품이나 서비스를 주변에 추천한다. 아마존의 창립자 제프 베조스는 기대 이상의 만족을 느낀 고객은 이를 주변에 알린다고 했다. 특히 지인의 추천은 기업의 어떤 광고보다 신뢰성을 가진다. 추천은 기업 입장에서는 광고비용을 줄일 뿐만 아니라 신규고객을 얻기 위해 드는 노력을 절감할 수 있다. 평판이 높고 안정적인 회사의 제품을 구매하면 원성을 들을 일이 없다. 우리 주변에는 맛집이 있다. 맛집은 대부분 광고를 하지 않지만 손님이 모여든다. 식사시간에 가면 줄을 서야 한다. 맛집이 소개되는 경로는 대부분 지인들의 입소문이다. 특히 SNS가 발달한 요즘에는 광속으로 입소문이 퍼진다.

리더는 평소에 좋은 이익과 나쁜 이익을 구분하는 안목을 가지고 있어야 한다. 리더는 실적이나 목표를 채우기 위해 나쁜 이익의 유혹에 빠지기 쉽다. 나쁜 이익에 현혹되면 점점 무감각해진다. 나쁜 이익으로 단기간에 실적을 올릴 수도 있지만, 나쁜 이익은 기업의 평판을 해치고 구성원의 사기를 떨어지게 한다.

좋은 이익을 올리려면 리더는 우리 기업이 무엇을(What) 파느냐에 초점을 맞추기보다 고객들이 우리 회사 제품을 왜(Why) 사느냐에 관심을 기울여야 한다. 리더는 고객 입장에서 우리 회사는 무엇을 파는 회사인가 자문하고, 또 자문해야 한다.

고객은 진북을 가리키는 나침반

옛날부터 바다에서 항해할 때는 항로를 찾기 위해 나침반을 가지고 다녔다. 나침반은 항상 진북을 가리키기 때문에 배의 항로를 유지하기 위해서는 꼭 필요한 필수품이다. 기업에서 진북을 가리키는 나침반은 고객이다. 기업의 목적은 이윤 추구에 있다고 하지만 이윤을 추구하다 보면 이윤이 고객 앞에 있는 경우가 있다.

진북을 가리키는 나침반이 고객이 아니라 최고경영자나 상사에게로 향하고 있는 경우가 많다. 고객이 어떻게 생각할까보다 경영자가 어떻게 생각할까에 초점이 맞춰진다. 고객의 평가보다 경영진의 평가가 자신의 생명줄을 쥐고 있다고 생각하기 때문이다. 고객을 우선시하는 경영진도 있지만 고객보다는 실적만 앞세우는 경영진도 있다. 경영진이 참석하는 회의에서 고객에 대해 언급하는 비중을 보면 고객 중심 경영을 하는 회사인지 실적 중심 경영을 하는 회사인지 알 수 있다. 고객에 대한 관심보다 실적에만 기울어져 있는 기업의 앞날은 암울하다.

이윤만 앞세우다 보면 이윤에 함몰되어 고객이 보이지 않는다. 그러면 고객은 소리 없이 떠나간다. 고객이 떠난 비즈니스는 나침반 없이 항해하는 배와 같다. 모든 의사결정 앞에는 항상 고객을 놓아야 한다. 고객이 없는 비즈니스는 존재할 수 없기 때문이다. 스타벅스, 구글은 광고를 거의 하지 않는다고 한다. 코스트코, 뉴발란스, 할리 데이비슨도 마찬가지로 매출액 대비 극히 낮은 비용을 광고에 쓴다. 이들 기업은 고객이 이끌어주기 때문에 굳이 광고를 하지 않아도 업계 선두를 차지하고 있다. 이들 기업은 고객을 중심에 두고 비즈니스를 한다. 이들 기업은 고객을 실적이나 목표를 달성하기 위한 수단으로 보지 않는다. 고객에게 사랑받는 기업의 규칙을 보면 다음과 같다.

1. 고객은 무조건 옳다.
2. 고객이 틀렸다는 생각이 들면 다시 1을 생각하라.

고객이 제품에 대해 불평하면 회사가 항로를 잘못 가고 있다는 사인이다. 마이크로 소프트의 빌 게이츠(Bill Gates)는 '회사의 제품에 가장 불만스러운 고객이야말로 뭔가 배울 수 있는 최고의 기회'라고 했다. 미국 은행 중에는 고객의 충성도가 매우 높은 은행인 커머스 뱅크가 있다. 이 은행에서 대출을 받으려면 단 한 명의 은행직원만 "예스"라고 하면 대출이 승인된다. 만약 대출을 신청한 사람에게 "노"라고 하려면 두 명의 은행직원의 의견이 일치할 때 가능하다. 이렇게 이 은행은 고객 편에서 번거롭고 어려운 절차를 축소시

킴으로써 고객에게 인정받을 수 있었다.

고객에게 미친 기업을 생각하면 아마존이 떠오른다. 아마존의 창업자 제프 베조스는 고객제일주의 원칙을 세워 서비스와 제품을 끊임없이 혁신하는 '고객 집착 경영'으로도 유명하다. 집착은 일반적인 관심을 훨씬 뛰어넘어 집중하는 것을 의학적으로 설명하는 말이다. 고객 집착은 아마존 성장원칙의 공통분모이자 아마존의 리더에게는 최우선 과제다.

리더라면 항상 고객을 진북을 가리키는 나침반으로 간주해야 한다. 등대는 배가 암초를 피해 안전하게 목표한 항구에 다다를 수 있게 한다. 고객은 암초를 피하게 하는 등대이자 방향을 이끌어주는 나침반이다.

서비스의
오답노트

시험을 잘 치려면 오답노트를 잘 정리하면 도움이 된다. 서비스도 마찬가지다. 고객의 페인포인트는 서비스의 오답노트다. 고객이 불평하면 그동안 잘 인식하지 못했던 문제점이 드러난 것으로 생각하고 이를 개선할 기회로 삼아야 한다.

서비스 문제로 1,000원을 손해 본 고객과 10만 원을 손해 본 고객이 있다고 하면 10만 원을 손해 본 고객의 불만이 더 클 것이다. 이 두 고객 중 고객불만을 잘 처리해 문제를 해결했다면 10만 원을 손해 본 고객이 1,000원을 손해 본 고객보다 충성고객이 될 확률이 더 높다. 더 큰 불만을 가진 고객, 더 큰 손해를 본 고객은 충성고객으로 반전할 수 있는 기회가 된다. 문제를 문제로만 보지 않고 기회로 보는 것이다.

내가 옳다는 생각을 버리면 포용할 수 있는 한계가 더 넓어진다. 내부적인 시각에서는 서비스의 문제가 잘 드러나지 않는다. 아무리 잘 기획된 서비스라도 고객 입장에서 보면 문제점이 있을 수 있다. 서비스는 문제가 없는데 고객이 문제라고 생각할 수도 있다. 무조건 고객이 옳다는 시각도 문제가 있지만 우선 고객의 입장에서 문제를 바라보는 시각이 중요하다. 고객이 왜 그런 반응을 보이는지 성찰해보는 기회를 가지는 것도 중요하다.

고객의 문제를 우리의 문제로 보고 이를 얼마나 잘 해결하려고 노력하느냐에 따라 엑셀런트 서비스가 결정된다. 문제가 있는 곳에 솔루션이 있고 솔루션은 기회가 된다. 단지 문제를 받아들이는 사고방식에 따라 문제는 기회가 되기도 하고 골칫덩어리로 남기도 한다.

문제를 우리의 문제로 보는 것은 단순한 것이 아니다. 여기에는 기존의 룰과 타협하지 않으려는 통찰이 깃들어 있다. 많이 훈련되었거나 깊이 고민하지 않고는 제대로 문제를 인식할 수 없다. 문제의 주체를 제대로 인식하는 것만으로도 절반은 해결의 실마리를 찾은 것이다. 대부분은 문제를 보는 데 있어 깊이 생각하지 않고 겉모습만 가지고 판단한다.

문제점에 이름을 붙여주는 것도 좋은 해결책이 될 수 있다. 그리고 문제점을 5-Why로 가지고 가는 것도 도움이 된다. 5-Why는 일본의 자동차 회사 토요타가 문제점 개선에 잘 활용하는 툴이다. 당면한 문제점을 정의하고, 1차 원인이 무엇인지 파악하고, 1차 원인이 나오게 된 원인이 무엇인지 2차 원인을 발굴하는 것이다. 이렇게 해서 5단계까지 원인을 찾다 보면 당면한 문제의 근본 원인이 무엇인지 알게 된다.

문제는 서서히 발생하다가 어느 순간에 임계점을 넘으면 심각한 문제로 번진다. 리더가 문제를 보는 깊이에 따라 회사의 성장과 서비스 수준이 결정된다. 단위 조직을 맡은 조직장은 문제를 근접한 거리에서 볼 수 있는 회사의 눈이다. 눈이 밝아야 걸림돌을 잘 보고 적기에 대응할 수 있다. 리더가 문제점을 잘 인식하려면 상식에 얽매이면 안 된다. 회사의 룰, 업계의 룰, 시장의 룰에 얽매이지 않는 리더만의 예리한 문제의식을 키워야 하는 이유다.

대만의 쌀 장수
이야기

한국에 현대그룹의 정주영 회장이 있었다면 대만에는 포모사그룹의 왕용칭(王永慶) 회장이 있었다. 대만에서 경영의 신으로 불렸던 왕용칭 회장은 가난한 집에서 태어났다. 그는 사춘기 시절에 학업을 중단하고 고향을 떠나 작은 도시에 정착하게 된다. 이곳은 이미 쌀가게가 여러 곳에서 성업 중이었으나 왕용칭은 얼마되지 않은 돈을 모아 작은 쌀가게를 차렸다. 하지만 쌀가게는 외진 곳에 있었고 단골고객도 없어 가게를 운영하는 데 어려움이 많았다.

그 당시에는 도정기술이 발달되지 않아 쌀에 돌이 많이 섞여 있었다. 왕용칭은 이런 점에 착안해 쌀에 들어 있는 이물질을 모두 제거해 쌀을 팔기 시작했다. 뿐만 아니라 그 당시에는 생각지도 못했던 배달 서비스까지 했다. 쌀을 배달하면서 쌀을 주문한 사람의 쌀독에 쌀이 남아 있으면 남아 있는 쌀을 다 퍼내고 청소까지 해주었다. 그런 다음 배달한 쌀을 쌀독에 부어주었다. 이런 소문이 입에서 입으로 전해지면서 사업은 날로 번창해갔다. 왕용칭은 1년 만에 큰 정미소를 개업했다. 세월이 흐른 후 왕용칭은 대만 제일의 갑부가 되었다.

왕용칭은 기존 업계의 관행을 깨고 이물질이 들어 있는 쌀을 인건비를 투입해 일일이 골라내어 고객의 어려운 문제점을 해결해주었다. 당시 이런 고객의 문제는 다른 쌀가게에서도 인지하고 있었다. 하지만 이런 문제를 해결하려면 인력을 투입해야 해서 마진이 적어지기 때문에 선뜻 이런 서비스를 제공할 엄두를 내지 못했다. 하지만 왕용칭 회장의 이야기에서 알 수 있듯이 고객의 문제점을 해결해주면 그만큼 사업은 성공한다. 누가 더 많이 고객의 문제점을 해결해주는지에 따라 사업의 성공과 실패가 판가름 난다.

왕용칭은 철저히 고객의 편이 되었다. 쌀장수의 위치가 아니라 쌀을 사는 고객의 입장에서 바라보았다. 그러면 고객이 불편한 페인포인트가 가시권 안에 들어온다. 고객마다 페인포인트가 있다. 고객의 문제점이다. 고객은 이 문제점을 해결하려고 제품이나 서비스를 구매한다.

서비스는 디테일이다. 남이 못 보는 것을 찾아내고 남이 대수롭지 않게 넘긴 것에 관심을 가지고 생각하는 것에서 경쟁력이 생긴다. 이런 디테일은 고객의 관점에서 보는 눈이 없으면 보이지 않는다. 남이 선뜻 제공하지 않는 서비스를 제공하는 것, 업계의 관행을 타파하는 것, 고객의 문제점을 파악하는 눈은 리더가 가져야 할 자세다.

앞서가는 리더가 되기 위해서는 도전하는 길이 우선이다. 남들이 헤쳐놓은 길을 따라가는 것은 빛이 바랜다. 문제점에 착안해 해결의 실마리를 찾는 것이 리더가 해야 할 일이다. 구성원이 가지고 온 아이디어를 함부로 대하거나 반대로 따라가기만 하는 리더는 발전의 가능성이 적다. 리더는 매의 눈으로 높이 떠올라 맡고 있는 고객의 문제점을 찾아야 한다. 리더는 배의 선장처럼 위기를 간파해 대응력을 높이고 항로를 개척해 새로운 기회를 찾아가야 한다.

도구 4.

호기심 : 우리가 얻게 되는 답은
우리가 던진 질문에 따라 달라진다

질문이 정답보다
중요하다

어떤 사람에게 평소 만나기 힘든 유명인사와 면담할 기회가 주어졌지만 시간은 단 3분밖에는 허용되지 않았다. 3분은 인사 정도할 수 있는 짧은 시간이었지만 그는 이 유명인사와의 시간을 그렇게 끝내고 싶지 않았다. 그는 만나기로 한 유명인사가 아버지의 영향을 많이 받은 사람이라는 것을 알아내고, 유명인사와 마주했을 때 "아버지의 가장 훌륭한 가르침은 무엇입니까?"라는 질문을 던져 40분 넘게 함께하는 시간을 가질 수 있었다.

인터뷰에서 가장 중요한 것은 질문이다. 질문은 사전에 무엇을 물을지 정보를 모으는 것이 핵심이다. 세계적 리더십 교육기관 CCL(Center for Creative Leadership)에서는 성공한 리더들의 제1의 필수

도구는 '질문하는 능력'이라고 했다. 질문하면 답을 얻을 수 있다. 답을 얻지 못하는 것은 질문하지 않았기 때문이다. 무언가 되기 위해서, 무언가 성취하기 위해서 거기에 걸맞은 질문을 해야 한다. 과학자의 질문은 연구의 진보를, 예술가의 질문은 예술의 깊이를 더하는 결과를 낳는다. 조직의 최고 리더가 되고 싶으면 최고 리더가 되기 위해 스스로에게 질문해야 한다. 목표는 질문을 통해 드러난다. 나의 목표가 무엇인지, 목표를 달성하기 위해서는 나의 현재 위치와 목표와의 갭이 어느 정도인지, 그 갭을 줄이기 위한 방안은 무엇인지, 갭을 줄이기 위한 여러 방안 중에서 가장 우선순위로 해야 할 것은 무엇인지 자신에게 물어봐야 한다.

인류에게 위대한 유산을 안겨준 위인들은 질문으로부터 출발했다. 뉴턴(Isaac Newton)은 '사과가 왜 땅으로 떨어지는가'라는 질문에서 출발해 만유인력의 원리를 알아냈다. 아인슈타인(Albert Einstein)은 '뉴턴의 물리학을 넘어서는 나만의 물리학은 무엇인가'라고 자신에게 물은 끝에 고전역학을 뒤집는 상대성 이론을 발견했다. 현대 심리학의 아버지라고 불리는 프로이트(Sigmund Freud)는 '무엇이 인간의 마음을 지배하는가'라는 질문을 스스로에게 던졌다. 프로이트는 꿈의 해석을 통해 잠재적 의식이 의식을 지배한다는 것을 알아내 현대 심리학의 아버지로 불린다. 아인슈타인은 '우리가 직면한 문제들은 우리가 그 문제를 발생시킬 때와 똑같은 사고방식으로는 풀 수가 없다'고 했다. 그는 '나에게 문제 해결을 위한 한 시간이 주어진다면, 55분은 적절한 질문을 고르는 데 쓰겠다'고 했다.

질문은 관점을 바꾸게 하는 질문이 좋다. 기존의 틀을 벗어나서 다른 각도에서 생각하게 하는 질문이 필요하다. 문제가 해결되지 않는 이유는 현재 방식에 기반을 두고 해결하려고 하기 때문이다. 대다수의 계획들이 지닌 문제는 바로 현행 방식을 토대로 한다는 점이다. "성공하려면 당신이 갖고 있는 그 무엇이 아닌 당신이 원하는 그 무엇에 초점을 맞춰 계획을 세워야 한다." 니도 쿠베인의 말이다. 당신이 원하는 그 무엇은 질문에서부터 시작한다.

리더는 지시보다도 질문을 던져서 구성원의 생각을 이끌어내야 한다. 지시는 한 가지 길을 알려 줄 뿐이지만 질문은 여러 길을 살펴보고 가장 효과적인 길을 선택하게 한다. 이처럼 질문이 중요한데, 질문을 잘하려면 어떻게 해야 하는가 의문이 생긴다. 질문을 잘하려면 먼저 경청해야 한다. 경청을 하면 상대가 어떤 생각을 하고 있는지 파악할 수 있다. 훌륭한 리더의 자질 중 하나는 질문이다. "무슨 답을 하는지보다는 무슨 질문을 하는지를 통해 사람을 판단하라"고 프랑스의 정치가 가스통 피에르 마르크(Pierre Marc Gaston)는 말했다.

우리가 상식이라고 생각하는 것은 최선의 것이 아니라 사람들의 편의를 위해 편한 방법들이 고착화된 것에 불과하다. 이런 상식의 관념을 넘어서면 생각의 폭이 넓어질 것이다. 호기심은 질문의 또 다른 형태다. '왜'라는 질문을 던지는 것이다. 《초격차》의 저자인 삼성의 권오현 전 회장은 처음에는 연구직을 수행하다 자신의 의지와 상관없이 사업부 책임자로 발령이 나서 영업, 운영업무를 수행했다. 필자의 회사에서 권오현 전 회장을 초빙해 간담회를 개최한 적이 있었다. 질의응답 시간에 평사원으로 들어가서 최고 경영자 반열에 오를 수 있었던 비결은 무엇인지 직접 질문을 했다. 권오현 전 회장은 "하는 일에 호기심을 가지고 있었기 때문에 가능했다"고 답했다. 권오현 전 회장은 이러한 호기심을 가지고 꾸준히 노력한 결과 최고의 자리에 오를 수 있었다. 자신이 맡은 분야에서 끊임없이 '왜'라는 물음을 던지고 더 나은 해결책을 찾고자 평생 동안 학습하고 노력한 결과였다.

우리가 원하는 결과를 얻으려면 질문이 중요하다. 의문을 질문으로 바꾸면 답을 찾는 데 훨씬 유리하다. 의문은 막연하지만 질문은 문제를 구체적으로 정의한다. 문제를 알면 답을 내기 쉽다. 적절한 질문은 동기를 유발한다. 질문은 일하는 방향을 제시해주고 자율성을 불러일으킨다. 우리는 스스로 답을 찾는 과정에서 잠재된 능력을 사용한다. 질문은 지시하는 것보다 훨씬 효과적이다. 하지만 많은 리더들은 질문보다는 직접 지시하기를 선호한다. 지시하는 것이 더 쉽기 때문이다.

우리나라 교육방식은 주입식이다. 우리는 질문을 하지 않는 환경에서 살았기 때문에 질문에 익숙하지 않다. 서양이나 유대인 교육처럼 질문을 많이 하는 교육환경에서 자라지 않았다. 수능시험도 배운 것을 얼마나 실수를 하지 않느냐를 테스트하는 시험이다. 조직이나 가정에서도 질문을 별로 하지 않는다. 리더가 질문을 하면 지시하는 것보다 훨씬 분위기가 좋아진다. 리더가 질문하면 구성원들로부터 아이디어를 많이 얻을 수 있다.

우리가 얻게 되는 답은 우리가 던진 질문에 좌우된다. 질문을 하려면 지시하는 것보다 더 생각을 많이 해야 한다. 적절한 질문은 그냥 나오지 않는다. 질문을 하려면 생각을 많이 해야 한다. 좋은 질문은 고민의 흔적을 남긴다. '생각하는 것'은 다른 말로 표현하면 '스스로에게 질문을 던지는 것'이다. 독서는 생각을 키울 수 있는 훌륭한 수단이다. 마이크로소프트의 회장이었던 빌게이츠는 매년 한 주간씩을 생각 주간(Think Week)으로 설정하고 책을 읽으면서 생각에 집중했다고 한다. 질문을 잘하는 리더는 조직을 발전시킨다. 좋은 질문 하나로 조직을 살릴 수 있다. 좋은 질문은 어려움에 처한 회사도 회생시킬 수 있다.

기능적인 질문보다
본질적인 질문에 집중하라

영국은 1990년대부터 건설산업에 리씽킹(Rethinking) 운동을 전개했다. 이는 건설을 다시 생각하자는 운동이다. 영국은 생산성이 낮은 건설산업, 사고가 많은 건설현장, 공사기간과 예산이 제대로 지켜지지 않는 건설산업을 다시 생각하고 문제점을 개선했다. 리씽킹 운동의 7대 목표는 건설사업비, 공사기간, 예측도, 하자, 안전사고, 생산성, 매출 및 이윤으로 정했다. 7대 목표별로 연간 달성목표를 정하고 꾸준히 노력한 결과 영국은 건설산업의 생산성이 크게 향상되었을 뿐만 아니라 전 세계에서 안전사고가 가장 적게 발생하는 나라가 되었다.

회사업무를 하다 보면 어떤 업무는 왜 하는지 모르고 하는 경우가 많다. 안 해도 별 문제 없는 업무인데 원래 하던 업무여서 구성원이 상당한 시간을 할애하며 생산성이 낮은 업무에 자원을 투입하는 경우가 있다. 변화를 이끌어내기 위해서는 틀을 바꿀 수 있는 '왜'라는 질문에 초점을 맞출 필요가 있다. '왜'는 방향이다. '왜'는 다시 생각하는 리씽킹이다. 많은 리더들이 '왜'라는 질문보다 '어떻게'라는 질문을 더 많이 하고 있다. '어떻게'라는 질문은 기존의 틀안에서 목표를 달성하는 방법에 집중되어 있다. 하지만 '왜'는 기존의 틀이 아닌 새로운 발상을 이끌어낸다. '어떻게'라는 질문으로는 3~5% 생산성 향상이 기대된다면 '왜'라는 질문은 두 자리 수의 변화를 이끌어낼 수 있을 만큼 효과적이다. '왜'는 기존의 업무를 재정의하는 것이다. 업무를 재정의함으로써 관습적인 업무를 뜯어 고칠 수 있는 동기가 마련된다. 그렇기 때문에 리더는 '어떻게'라는 기능적인 질문보다 '왜'라는 본질적인 질문에 집중해야 한다.

무엇인가 새로운 변화를 이끌어내기 위해서는 하고 있는 일을 다시 생각해볼 필요가 있다. '왜'는 처음부터 다시 생각하는 것이다. 하지만 '어떻게'는 중간부터 생각한다. 문제의 근본을 들여다보고 문제의 원인을 찾는 것이 '왜'이고 리씽킹이다.

문제의 원인을 찾는 것이 가장 중요하다. 왜 조직이 세운 계획이 달성될 수 없었는지, 왜 시장의 반응이 기대와 다른지를 깊이 생각하는 것이다. 작년에 했던 과제이고 이전 조직에서 하던 업무라면 더욱 그렇다. 리더라면 '왜' 이 업무가 중요한지, '왜' 이 업무를 해야 하는지부터 생각해야 한다. 습관적으로 하는 것인지, 새로운 대안이 없어서 하는 것인지, 새로운 대안을 내기 위한 열정을 쏟기 어렵기 때문인지 생각해야 한다. 구성원은 조직의 리더가 지시한 내용을 바탕으로 업무를 한다. 조직장의 업무방향이 잘못되면 많은 조직원이 생산적이지 못한 업무에 매달리고 시너지를 못 내고 업무성과가 제대로 나오기 어렵다. 이러한 일은 리더가 업무에 대한 이해와 생각이 부족하기 때문에 생긴다.

조직의 업무는 누구보다 조직을 맡은 리더가 제일 많이 알고 있다. 리더는 기획과정에서 결과까지 일이 어떻게 전개될지 그림을 그릴 수 있어야 한다. 목표를 달성하기 위한 길을 찾는 것은 리더의 몫이다. 그러기에 리더는 주어진 업무에 대해 항상 '리씽킹'해야 한다.

변화는 뭔가를 간절히 원할 때 이루어진다. 반복적이고 지시적인 업무환경에서는 변화를 이루어내기 어렵다. 호기심도 없고 질문도 없는 조직에서는 변화와 발전을 기대하기 어렵다. 누가 변화를 이끄는가. 뭔가를 바꾸어보고자 하는 열망이 강한 사람이 변화를 이끌어낸다. 열망 없이는 개인이든 조직이든 작은 변화도 기대하기 어렵다. 리더는 간절함을 가지고 왜 변화해야 하는지, 무엇을 변화시켜야 하는지, 문제가 무엇인지를 끊임없이 질문하는 사람이다.

나는 요리를 배우는 중입니다

도쿄 긴자에 위치한 '스키야바시 지로'라는 스시집은 스시 명인 오노 지로(小野二郎)가 운영하는 곳이다. 지로는 1925년 태어나 아홉 살 때부터 요리를 시작해서 80년간 요리를 했는데, 아직도 요리를 배우고 있는 중이라고 한다. 미켈란젤로는 90세의 나이로 세상을 뜰 때까지 '론다니니의 피에타(Pietà Rondanini)'를 제작하는 일에 전념했다.

이스라엘 명언에 '이 세상에서 가장 현명한 사람은 모든 사람에게서 배우는 사람이다'라는 말이 있다. 이 말의 뜻은 나이가 많든 적든 항상 배움의 자세를 가지고 있어야 한다는 뜻이다. 배우기 위해서는 배우려는 자세를 가져야 한다. 배우려는 자세의 기본은 겸손이다.

리더라도 모르는 것은 누구에게나 물어야 한다. 잘 알지 못하면서 묻지 않는 것은 배울 수 있는 기회를 놓치는 것이다. 누구라도 리더를 찾아가 알려주지 않는다. 리더가 구성원에게 다가가 물어보는 것은 체면을 구기는 것이 아니다. 구성원은 리더의 이런 모습을 보고 적극적인 리더에게 더 많은 점수를 준다.

독서야말로 실력을 키울 수 있는 최선의 방법이다. 투자의 귀재 워런 버핏은 매일 책 한 권을 읽는 습관을 갖고 있다. 세종대왕은 젊은 선비들에게 사가독서라는 여름휴가를 주어 책을 읽게 했다. 이 기간에 성삼문, 신숙주도 산중 절에서 독서에 전념했다. 영국의 빅토리아 여왕은 세익스피어 휴가 제도를 실시했다. 이 제도를 통해 고위 관료들에게 3년에 한 번, 한 달 정도 유급 독서휴가를 주어

세익스피어 작품 5권을 읽고 독후감을 제출하도록 했다.

시카고대학은 노벨상을 가장 많이 배출한 대학이다. 이 대학은 졸업할 때까지 백 권의 고전을 읽어야 한다. 이렇게 시공간을 초월한 고전을 읽은 결과인지는 모르겠지만 아무튼 이 대학은 70명의 노벨상 수상자를 배출했다.

옛말에 '알아야 면장을 한다'는 말이 있다. 학습하지 않으면 리더가 되기 어렵다. 구성원에게 지시하기 위해서는 리더가 더 많이 알고 있어야 한다. 리더는 자기가 맡은 분야의 트렌드가 어떤지, 시장이 어떻게 변화하는지를 알기 위해서 항상 배우는 자세를 가져야 한다. 그래야 변화를 감지하고 대응할 수 있다. 리더는 자신이 맡은 업무의 최고 전문가와 토론을 벌일 수 있을 정도의 전문지식을 보유하고 있어야 한다. 배우는 데는 나이가 중요하지 않다. 배우려는 의지만 있으면 된다. 새로운 지식이 넘쳐나고 있는 현실에서 학창 시절 배운 것만 가지고는 더 이상 행세를 할 수 없는 시대가 되었다. 학습에 들이는 노력은 리더의 수명과 비례한다.

"지식을 많이 소유하는 것보다 지식을 충분히 사유하는 것이 중요하다. 전자는 기술인을 만들지만 후자는 창조인을 만든다." 차동엽 신부의 말이다. 학습은 실천을 위한 출발점이다. 슈바이처는 "독서는 단지 지식의 재료를 공급할 따름이다"라고 했다. 그렇기 때문에 학습해서 지식을 보유하는 것만으로는 충분하지 않다. 이를 사유해 내일의 창조적인 지식에 활용해야 한다.

좋아하는 일을 처음부터 한 사람은 별로 없다. 맡은 일을 열심히 다 보니 일을 좋아하게 되는 경우가 대부분이다. 리더가 되어도 처음부터 원하는 일을 맡을 가능성은 희박하다. 성공한 리더의 가장 큰 비결은 평생 학습자였다는 것이다.

2020년 지구에서는 약 40zettabytes(10^{21})의 데이터가 생산되었다. 구글에서는 매일 3억 5,000여 건의 검색을 수행한다. 이런 세상에서 리더가 10년 전, 20년 전 대학에서 배웠던 지식으로 구성원을 이끈다는 것은 상당히 제한적이다.

아이스하키의 전설 웨인 그레츠키가 그랬듯이 아이스하키의 퍽이 있는 곳이 아니라 퍽이 있을 곳으로 가야 한다. 퍽이 있을 곳을 파악하기 위해서는 집중해야 한다. 그러기 위해서는 과거보다 미래에 산업이 어떻게 변화할 것인지, 어떻게 변화에 대응할 것인지 학습해야 한다. 유대인은 세계를 더 좋은 곳으로 만들라는 '티쿤 올람(Tikkun Olam) 원칙'을 바탕으로 이스라엘이 독립을 이뤄낸 시기보다 36년이나 앞선 1912년에 테크리오 공대를 설립했다.

뿌린 만큼 거둔다는 이야기가 있다. 미국에서 성공한 사업가 중 65%는 고등교육을 받은 사람들이지만 30%는 고등교육을 받지 않은 사람들이다. 이 30%의 성공한 사업가는 독학으로 일과 학업을 병행한 사람들이다. 그들은 평생학습을 통해 성공했다. 교육에 투자하는 것은 투자 대비 수십 배의 열매를 거둘 수 있다. 회사에서 리더의 역할을 잘한다는 것은 리더 스스로 고민하고 실력을 쌓을 때 가능하다. 리더는 구성원에게 가르치고 지시하기 이전에 더 많이 배워야 한다.

기억은 기록을
이기지 못한다

일본에서는 과장이나 부장 정도의 직장인이 책을 한두 권 정도 출판하는 경우가 많다고 한다. 과장이면 자기 분야에서 10년 정도의 경력을 가지게 되는데, 이 정도 경력이면 그 분야에서 전문가로 인정받을 수 있다. 자기 분야에서 얻은 지식을 정리하고 정리된 지식을 남들과 나누기 위해서 책을 쓰는 것이다.

시간은 누구에게나 똑같이 주어지지만 나이가 들수록 시간이 빨리 간다고 느껴진다. 심리학자는 어릴 때는 많은 일에 엮이지 않고 집중도가 좋기 때문에 하루를 어떻게 보냈는지 촘촘하게 기억한다고 한다. 하지만 나이가 들수록 신경 쓰는 일도 많아지고 기억력이 떨어져 하루의 일을 촘촘하게 기억하지 못한다. 그래서 나이가 들수록 하루, 한 달, 일 년이 빨리 지나간다고 느끼는 것이라고 한다.

필자는 어느 수요일 오후에 보건소로부터 코로나19 밀접 접촉자라는 전화를 받았다. 보건소 직원은 일주일 전인 지난주 수요일에 누구와 무엇을 먹었느냐고 물어보았다. 이 질문은 받는 순간 어리둥절했다. 이삼일 전에 먹은 것도 기억이 잘 나지 않는데 일주일 전에 누구와 뭘 먹었는지를 기억하기 힘들었기 때문이다.

오랜 전에 읽은 책 내용은 잘 기억이 나지 않는다. 하지만 책에 밑줄을 치거나 메모를 한 것을 보면 읽었을 때 받은 영감을 다시 떠올릴 수 있다. 감명 깊은 강의를 들을 때도 마찬가지다. 강사의 특강을 들을 때는 고개를 끄덕이지만 메모해 놓지 않으면 시간이 지남에 따라 강의내용은 서서히 기억 속에서 사라진다.

단위 조직을 이루는 구성원의 수는 회사마다 차이가 있지만 7~9명 정도가 많다. 7±2명 정도가 조직을 이루기 위한 최적의 단위이다. 미국의 대법원 판사도 9명으로 구성된다. 조직원이 너무 많으면 조직장이 조직원들과 일일이 업무를 공유하고 체크하기 힘들다. 필자는 매일 업무 분야별로 체크해야 할 사항을 메모노트에 미리 적어 놓는다. 필자는 메모노트가 있기 때문에 일의 우선순위를 파악하거나 체크해야 할 업무를 파악하는 데 시간이 많이 걸리지 않는다.

'둔필승총(鈍筆勝聰)'이란 말이 있다. 이 말의 뜻은 '기록이 총명한 머리를 이긴다'는 것이다. 기록하지 않으면 기억에서 사라진다. 심리학 연구결과를 보면 학습효과에는 시각이 87%, 청각이 7%, 후각, 미각, 촉각을 합한 것이 6% 정도 영향을 미친다고 한다. 기억력은 들은 것을 10% 정도 기억하지만 본 것은 50% 정도 기억한다고 한다. 레오나르도 다빈치는 일생 동안 3,500권의 메모노트를 남겼다. 에디슨도 수백만 장의 메모를 남겼다. 그래서 '적자생존'을 '적는 자만이 살아남는다'라는 우스갯소리로 중요성을 강조하기도 한다.

기록은 해야 할 일과 하지 말아야 할 일을 구분해준다. 연구도 마찬가지다. 연구를 계속하기 위해서는 연구한 결과를 관련 저널에 발표해야 한다. 그렇지 않으면 연구성과도 눈에 보이지 않을 뿐더러 연구동력을 잃기 쉽다. '발표하지 않으면 사라진다'라는 말은 연구자들이 즐겨 쓰는 말이다.

기회는 실패의 그늘 밑에
숨어 있다

나카무라 슈지(中村修二)는 2014년에 노벨물리학상을 수상했다. 그는 지방 중소기업에 근무하면서 10여 년간 500번이 넘는 시행착오 끝에 세계 최초로 청색 LED 개발에 성공했다. 그는 어떤 일을 시작했으면 "벽을 기어올라서라도 끝까지 해내라. 시간이 걸려도, 멀리 돌아가도, 서툴러도 상관없다. 밑바닥까지 곤두박질치면 올라가는 단계다. 밑바닥을 의식하는 일이 내게는 성공으로 향하는 것임을 직감한다"고 말했다. 성과를 내기 위해서는 어떤 것이든 계속하는 것이 중요하다. 지식을 쌓거나 성과를 내기 위해 몇 개월 노력하는 정도로는 원하는 결과를 만들 수 없다.

'사지사지 귀신통지(思之思之鬼神通之)'라는 말이 있다. 한 가지 일에 낮과 밤을 가리지 않고 생각하면 귀신도 답을 알려준다는 뜻이다. 탁월한 리더와 그렇지 못한 리더를 나누는 기준은 일에 열중할 수 있는 끈기다. 벤텍스 코리아의 고경찬 사장은 '1초 만에 마르는 소재'를 개발하기 위해 이 주제를 가지고 잠에 들고 깰 정도로 집중한 끝에 고어텍스라는 소재를 발굴했다. 기업도 마찬가지다. 삼성이 글로벌 기업이 된 것은 1990년 이후 디지털화라는 패러다임 변화에 잘 대응했을 뿐만 아니라 30년 넘게 한 분야에 몰두했기 때문이다.

《초격차》의 저자인 삼성전자의 권오현 전 회장은 변하고자 노력했던 것이 최고경영자로서 결실을 맺을 수 있는 비결이었다고 한다. 그와 어릴 때 박사 과정을 함께한 사람들과 초기에 회사생활을 하는 모습을 본 사람들은 지금의 모습과는 다르게 기억하고 있다고 했다. 그는 학창시절에는 소통을 잘하는 사람이 아니었다. 어느 날 회사에서 갑자기 비메모리 부서로 발령을 내서 사업을 맡게 되었는데, 그는 엔지니어로서 경력이 단절되는 것에 대해 초반에는 많은 고민을 했지만 회사가 일을 맡겼다면 그걸 완수하는 것이 사명이라고 생각했다. 회사가 나에게 갖고 있는 기대치가 무엇인지 연구하는 마음으로 몰입(Commitmnet)하면서 오랜 기간 자신을 변화시키려 노력했다고 한다.

변화에 대응하려고 요즘 젊은 세대들은 나름대로 자기계발을 많이 한다. 하지만 자기계발이 트렌드에 따라서 출렁이면 안 된다. 트렌드는 계속 변화하기 때문에 트렌드에 종속되어서는 자기계발을 지속하기 어려울 뿐만 아니라 지식의 숙성 면에서도 깊이가 얕을 수밖에 없다. 뭔가 지속하려면 동력이 필요하다. 가치 있는 일, 도전적인 일, 재미있는 일이어야 지속할 수 있다. 이런 일이라면 성과도 따라온다. 단 전제조건은 끝까지 해보는 지속성이다.

일본 기업 혼다의 창업주인 혼다 소이치로(本田宗一郎)는 정년에 은퇴하는 대부분의 직장인들은 자신의 회사생활이 실패하지 않았다는 것에 자부심을 느낀다고 했다. 하지만 그는 회사생활이 실패하더라도 더 나아지려고 노력했던 사람으로 남고 싶었다. 실패하지 않은 사람은 상사가 지시한 대로만 일한 사람이고 그런 사람은 실패는 없을지 모르지만 탁월한 성과도 없을 것이라고 생각한 것이다.

기회가 가지고 있는 습성은 기대했던 것과 달리 뜻하지 않은 곳에서 예상하지 못했던 방법으로 다가온다. 기회는 뒤에서 살며시 다가오는 도둑과 같다. 기회는 실패의 그늘 밑에 숨는 경우가 많다. 그래서 많은 사람들이 가다가 실패를 맛보고 성공이 그리 멀지 않은 곳에서 돌아선다.

지식은 내 삶에 충격을 주는 송곳

미국 ABC 뉴스 라디오의 진행자였던 방송인 폴 하비(Paul Harvey)는 "눈을 감은 사람은 그의 손이 미치는 곳까지가 그의 세계이고, 무지한 사람은 그가 아는 것까지가 그의 세계다"라고 했다. 사람이 보는 세상은 그가 가지고 있는 지식에 비례한다. 배우기 위한 가장 중요한 것은 배우려는 자세다. 배우기 위해서는 먼저 지식을 축적해야 하는데 그 방법은 다양하다. 중요한 것은 지식을 축적하는 방법보다 알려고 하는 의지다. 지식이 부족한 사람이 자신의 능력을 과대평가하는 현상을 '더닝 크루거 효과(Dunning-Kruger Effect)'라고 한다. 이들은 지식이 부족하기 때문에 자신이 얼마나 모르는지 알지 못한다. 공자는 "아는 것을 안다고 하고 모르는 것을 모른다고 하는 것이 아는 것"이라 했다. 의지가 약하면 아무리 좋은 방법을 써도 지식은 잘 축적되지 않는다. 지적 호기심, 자기계발에 대한 의지, 업무에 대한 책임감이 지식을 축적하는 동기가 될 수 있다.

'스승은 절대 제 발로 걸어오지 않는다'라는 격언이 있다. 지식은 배우고자 하는 사람에게 간다. 즉, 지식은 절대로 스스로 찾아가서 알려주지 않는다. 머리를 쓰지 않으면 능력이 줄어든다. '용불용설(用不用說)'은 쓰지 않는 기관은 시간이 갈수록 퇴화된다는 말이다. 창의적이고 도전적인 일에 머리를 써야 뇌가 활성화된다. 성공한 사람들의 공통점은 호기심이 많다는 것이다. 새로운 것에 대해 알려는 욕구가 높고, 새로운 일에 도전하고자 한다. "새로운 시대의 문맹은 글자를 못 읽는 사람이 아니라 공부하기를 중단한 사람이다." 앨빈 토플러(Alvin Toffler)의 말이다.

리더는 읽고 듣고 보고 경험하는 것을 게을리하지 말아야 한다. 손정의는 "무엇을 하든 그 분야의 전문가와 가장 높은 수준의 격론을 벌일 수 있는 능력을 갖추어야 한다"고 했다. 지식을 축적하는 것만으로는 부족하다. 지식을 연결해야 한다. 지식융합이라는 표현을 해도 괜찮다. "지식은 정보와 정보 관계의 재정의다." 한근태 작가가 《재정의》라는 책에서 한 말이다. 처음에는 지식이 축적되더라도 업무에 적용되기가 쉽지 않다. 모르는 분야도 지식을 하나하나 축적해가다 보면 지식이 하나하나 민낯을 드러내어 지식끼리 연결되는 것을 체험한다.

신입사원은 이 일을 왜 하는지 일의 연결고리를 잘 파악하지 못한다. 선임자는 신입사원에게 업무를 부여할 때 어떤 점이 핵심포인트인지 짚어주어야 한다. 대리가 되고 과장이 되면 신입사원이 하는 일을 꿰뚫어 볼 수 있다. 대리, 과장 직급은 신입사원시절부터 일을 직접 경험했기 때문에 일머리를 잘 안다. 그래서 신입사원이 일을 잘하는지 못하는지, 일을 빠르게 하는지 느리게 하는지, 꼼꼼하게 하는지, 대충 하는지 알 수 있다.

필자가 건축기사로 처음 현장에 나갔을 때의 일이다. 어떻게 건물이 완성되어가는지 현장을 보고도 잘 이해가 되지 않았다. 설계도면을 보면 완성된 형태를 담고 있어서 이런 건물이 만들어지겠구나 생각할 수 있다. 그러나 건설현장에서 공사를 할 때는 건물 규모가 엄청 크기 때문에 공사를 한 번에 끝내지 못한다. 건물을 수평적으로 수직적으로 여러 차례 분절해서 공사하는데, 처음 현장에 나간 필자는 이런 분절된 부분이 다른 부분과 어떻게 연결되어 완성되는지 감이 잘 오지 않았다. 그러나 공사과장은 공사가 어떻게 진행되는지를 미리 머릿속에 그리고 있어서 앞을 내다보고 협력업체들을 진두지휘했다. 이렇게 신입시절에는 안 보이는 공사과정이 현장의 경험과 지식이 쌓이면 보이게 된다.

지식을 습득하기 위해 가장 좋은 방법은 직접 해보는 것이다. 현대의 정주영 회장은 어떤 일을 추진할 때 "해봤어?"라고 질문했다고 한다. 경험을 중요시했기 때문이다. 그 일을 해본 사람만큼 그 일을 잘 아는 사람은 드물다. 직접 경험하지 못했다면 주의 깊게 관찰해야 한다. 알려고 하는 것도 습관이다. 알면 자꾸 알고 싶어지지만, 모르면 알고 싶어하는 마음도 무뎌진다. 항해 중인 유조선을 정지시키려 엔진을 역회전시켜도 1마일 정도는 더 간다고 한다. 지식을 축적하기 위해서는 끊임없이 알려고 하는 습관이 중요하다. 일단 좋은 습관이 몸에 배면 관성처럼 지속성을 갖게 된다.

업무에서든 삶에서든 지식은 통찰할수록 변화를 가져온다. "지식을 기능적인 이해의 대상으로 삼지 말고 내 삶의 충격을 주는 송곳으로 받아들이는 태도가 필요하다." 서강대 최진석 명예교수가 한 말이다. 많이 아는 것보다 중요한 것은 지식을 사유하는 것이다. 많은 지식은 기술인을 만들지만 지식을 사유할수록 창의적인 사람을 만든다.

도구 5.

인재 경영 :
가장 중요한 것은 사람의 마음

레코드판의 홈에서
빠져나오기

'발이부중 반구제기(發而不中 反求諸己)'라는 말이 있다. 화살이 과녁에 맞지 않으면 자신의 마음가짐과 자세에서 문제를 찾아 살핀 후 다시 쏘아야 한다는 것이다. 어떤 일이든 한 번에 되는 일은 거의 없다. 실패를 통해 스스로의 잘못을 살펴 개선해나가는 것이 성공의 비결이다. 가장 무서운 적은 성공과 칭찬이라고 한다. 과거의 성공에만 머무르고 개선하지 않으면 변화하는 세상을 따라가기 어렵다. 리더에게는 목표를 향해 마음을 다시 한번 가다듬고 화살을 쏠 수 있는 자세가 필요하다. 이러한 자세는 그냥 나오지 않는다. 리더에게는 목표를 향한 집념이 필요하다.

애플의 창업자 스티브 잡스의 개인 메모에는 "혼을 빼놓을 수 있는 만큼 뛰어난"이라는 글귀가 적혀 있었다. 그는 우주에 흔적을 남길 수 있는 더 혁신적인 컴퓨터를 만들고 싶은 열정이 있었다. 이런 열정이 있었기에 그는 제록스나 IBM이 보유한 자원과는 비교할 수도 없는 적은 자원으로 컴퓨터 역사의 방향을 바꿀 수 있었다. 스티브 잡스가 그랬듯이 리더가 열정을 쏟아부을 동기가 충만하다면 얼마든지 자기 분야의 역사를 바꿀 수 있다.

스티브 잡스는 대부분의 사람들이 레코드판의 홈과 같은 일률적인 패턴에 끼어서 빠져나오지 못한다고 생각했다. 타사와 완전히 차별화되면서 고객의 마음을 사로잡을 수 있는 혁신적인 상품을 만들기 위해 벗어나야 할 레코드 판의 홈은 무엇일까? 바로 혼을 불어넣을 수 있을 정도로 자기 분야에 집착하는 것이다. 그래야 고객의 마음을 사로잡을 정도의 작품이 나오는 것이다.

리더는 과제를 기획하고 실행시켜야 한다. 그러나 과제 선정과 실행 방안이 잘 떠오르지 않는 경우가 많다. 리더는 하루 종일, 며칠, 그리고 몇 주, 몇 달 동안 그 과제를 생각하고 해결하기 위해 골몰한다. 그러다 갑자기 번뜩 아이디어가 떠오른다. 어떤 때는 화장실을 오가는 길목에서, 출근길에서, 산책이나 운동하는 시간에 아이디어가 떠오른다. 그러다 보면 황농문 서울대 교수가 강조한 '몰입' 근처에 다가가는 경험을 한다. 리더에게 주어지는 과제는 대부분 쉽게 답을 찾을 수 없는 경우가 많다. 어슴프레 해결방안을 생각해보지만 장애물이 만만치 않다. 이전 경험에 비춰보기도 하고, 자료를 찾아보기도 하지만 실마리가 떠오르지 않는다. 주변 의견을 들어봐도 얻고 싶은 답변을 얻는 경우가 드물다. 그러나 노력은 배신하지 않듯이 생각하고 또 생각하면 잠에서 깨어나는 순간이라도 순식간에 실마리가 잡힌다. 이렇게 하려면 과제를 해결하고자 하는 인내심과 집념이 필요하다. 남과 같은 생각을 하면 남과 다르지 않은 결과가 나온다. 남들과 달라야 다른 결과물이 나온다. 남들이 레코드판의 홈에 머물러 똑같은 궤도를 돌 때 다른 관점에서 자신이 하는 일을 재정의를 해보는 것 또한 다른 생각을 이끌어내는 데 도움이 된다.

그렇게 하려고
마음먹으면 되지

마쓰시타 고노스케와 이나모리 가즈오는 일본에서 경영의 신으로 거론되는 인물들이다. 이나모리 가즈오가 젊은 시절 마쓰시타 고노스케의 강연회에 참여한 적이 있었다. 이 강연회에서 마쓰시타 고노스케는 한 청중으로부터 어려운 경제환경에서 어떻게 돌파구를 찾아야 하는가에 대한 질문을 받았다. 이에 마쓰시타 고노스케는 입술을 떨면서 나지막한 소리로 "그렇게 하려고 마음먹으면 되지" 하고 말했다. 이 답변에 대한 청중의 반응은 냉담했다. 하지만 이나모리 가즈오는 이 말에 전율을 느꼈고 교세라를 창업하고 성장시키는 데 밑거름이 되었다. 이후 이나모리 가즈오는 '인생은 마음에 그리는 대로 된다'고 확신했다. 이나모리 가즈오는 사업을 시작할 때는 동기가 선하고 사심이 없는지 수없이 자문했다고 한다. 그는 인간으로서 무엇이 올바른가를 경영의 척도로 삼았다고 한다. 그는 '왜 이 사업을 하는가'에 대한 뜻이 바르고 확고하다면 무한대 지향할 수 있다고 했다.

포기하지 않는 마음은 그렇게 하려고 마음먹은 데서 출발한다. 마르쿠스 아우렐리우스(Marcus Aurelius Antoninus)의 《명상록》을 보면 "우리의 삶은 우리 생각대로 만들어진다"라고 쓰여 있다. 아무리 어려운 일이라도 마음먹기에 달려 있다.

미국의 자동차 회사 포드의 창설자인 헨리 포드(Henry Ford)가 여덟 개 엔진을 하나로 묶는 V8엔진을 개발할 당시 엔지니어들은 모두가 불가능하다고 했다. 하지만 포드는 아무리 시간이 걸리더라도 V8엔진을 만들기로 마음먹었다. 엔지니어들은 포드의 마음을 돌리기 위해 여러 방법으로 설득했지만 포드는 단념하지 않았다. 포드는 몇 번을 실패하더라도 다시 도전하라고 지시했고 엔지니어들은 그때마다 다시 시도했다. 결국 포드의 집념으로 높은 엔진출력을 자랑하는 우수한 성능의 V8엔진이 만들어졌다.

이탈리아의 전기기술자이자 발명가인 마르코니(Marconi, Guglielmo)는 전파를 통신수단으로 이용하겠다는 꿈이 있었다. 전파를 통신수단으로 이용하겠다는 것이 마르코니의 꿈이었다. 전선 대신 눈에 보이지 않는 전파를 이용해 통신할 수 있다는 이론을 발표했을 때 친구들은 그를 정신병원으로 데리고 갔다. 하지만 오늘날 라디오와 텔레비전이 만들어진 것은 마르코니 덕분이라고 할 수 있다.

사람들은 '그렇게 하려고 마음먹으면 되지'라는 것을 두려워하는지도 모른다. 마음먹은 것을 이루려면 많은 난관을 돌파해나가야 한다. 사람들은 결과보다 장애물을 먼저 계산해보고 포기해버린다. 적당히 마음먹고 장애물이 나타나면 피해 가거나 단념해버린다. 오늘날 많은 사람들이 너무 쉽게 자주 단념하는 것이 습관화되어 있다. 쉽게 단념하고 다른 대안을 찾아 나선다. 거기서도 장애물을 만나면 극복하려고 노력하기보다 다른 대안을 찾아 나선다.

대부분의 사람은 성공한 소수의 발자취를 따라가기보다 그렇지 않은 다수의 발자취를 따라간다. 적지 않은 사람들이 자기 주도적인 삶을 살기보다 환경에 순응하며 살아간다. 스스로 자신의 능력을 과소평가하며 안전한 테두리 안에 머물러 있기를 바란다. 원하는 것을 이루기 위해서는 원하는 것을 마음의 눈으로 그리고, 그

목표를 향해 꾸준히 매진해야 한다.

고객가치사슬에
문제는 없는지

삼성의 창업주인 이병철 회장은 "사람을 의심하면 쓰지를 말고, 썼으면 의심하지 마라"라는 말을 자주 썼다고 한다. 글로벌 기업들은 채용 과정부터 기업이 추구하는 인재를 선정하는 과정이 남다르다. 아마존에는 바 레이저(Bar Raiser)라는 직책이 있는데, 바 레이저는 높은 기준으로 지원자를 검증하도록 전문교육을 받은 이들이다. 인사가 만사이듯이 기업과 고객에게 필요한 인재를 영입하는 것이 인사의 핵심이다. 그다음은 인재를 유지하고 성장시키기 위해 끊임없이 교육하고 투자해야 한다. 우수한 인재가 유출되지 않도록 혜택과 인센티브를 제공하고, 우수한 인재가 업무를 수행하는 데 필요한 지원도 아끼지 않아야 한다. 이렇게 양성된 인재는 기업과 고객을 실망시키지 않는다.

'고객가치사슬'이란 고객가치를 창출할 수 있는 인과관계 프로세스다. 이 프로세스는 인재영입, 인재육성, 고객가치 창출로 이어지는 가치사슬이다. 이 체계가 흔들리면 고객의 문제로 이어지고 결국 그 피해는 기업이 지게 된다. 고객가치사슬이 느슨해지면 탄탄히 조여야 하지만, 이는 쉽지 않다. 시간과 자원이 많이 들어가고, 환골탈태의 정신을 가지고 문제해결에 직면해야만 복구가 가능하다. 하지만 고객가치사슬의 복구에 인내심을 갖는 기업은 많지 않다.

고객 문제가 발생하면 기업은 문제를 일으키는 주요 원인을 찾는다. 대부분 고객 접점에 있는 책임자나 구성원의 마인드나 주인의식을 탓하는 경우가 많다. 하지만 단순히 고객접점에 있는 이들의 자세나 태도를 문제 삼기 전에 이 사슬이 견고히 이어지고 있는지를 먼저 살펴봐야 한다. 그렇지 않으면 고객가치사슬이 붕괴되거나 약화되기 쉽다. 대부분의 회사는 이러한 조짐을 사전에 간파하지 못하다가 문제가 심각해지면 원인을 파악하고 대책을 세우느라 분주하다. 고객가치사슬의 제일 앞 단에 있는 것은 인재를 영입하는 것이다. 고객이 문제를 제기하거나 시장점유율이 떨어지면 현상만 파악해서는 가려진 문제의 근본원인을 볼 수 없다. 시장이 상황이 좋지 않으면 고객가치사슬부터 틀어지기 시작한다. 적합한 인재보다 검증이 안 된 인재를 선정하고, 교육과 지원이 제대로 이루어지지 않는다. 이직이 잦아지고, 고객접점에서는 고객의 실망과 불만이 감지된다. 많은 기업들이 고객가치사슬의 선순환 고리의 중요성을 간과하고 있다.

리더는 해당 조직의 영역에서 고객가치사슬에 문제가 없는지 주기적으로 점검해야 한다. 고객 서비스에 문제점은 있는데 해결해주는 프로세스가 없거나 미흡한 경우도 있다. 리더는 시야를 넓혀 고객접점에 있는 분야까지 확인하고 문제점이 있으면 회사에 제기해야 한다. 인재를 유지하고 성장시켜 고객가치사슬을 유지하도록 하는 것은 리더의 주요 업무다.

리더가
실패하는 이유

리더가 실패하는 이유 중 하나는 직원들의 성장을 돕지 않기 때문이다. 특히 MZ세대는 진로에 대한 고민과 성장에 대한 관심이 많다. 미래를 위해 어떤 준비를 하고 있는지, 어떤 분야에 관심이 있는지 공유하고 리더의 위치에서 배려하는 마음을 가지고 지원하면 구성원의 마음을 얻는 데 도움이 된다.

직급이 올라갈수록 시야는 넓어지는 반면에 공감능력은 떨어진다. 주변에서 잘못된 점에 대해 직언을 하거나 현안문제를 솔직하게 이야기해주는 사람들이 줄어들기 때문이다. 직급이 올라갈수록 주변에서는 싫은 소리보다 듣기 좋은 소리를 많이 한다. 그래야 상급자와 좀더 가까워진다고 믿기 때문이다. 상급자가 될수록 듣고 싶은 소리만 듣는 것에 길들여진다. 듣기 좋은 소리에만 익숙해지기 때문에 듣기 싫은 소리를 듣지 않으려고 한다. 주변에서도 이를 잘 감지해 심기를 건드리는 소리를 하지 않는다.

'오만 증후군'이라는 것이 있다. 이 증후군은 타인에게 노골적으로 경멸하는 언사를 일삼는 환자가 갖는 증상이다. 조직장의 목소리가 커지고 조직원의 잘못을 들추어내어 나무라는 것은 자신이 잘나서 그런 것으로 간주한다. 그래야 리더십이 있어 보이고, 리더로서 권위가 생긴다고 착각한다. 이런 사람은 직급이 올라갈수록 오만 증후군에 걸릴 가능성이 커진다.

조직장이 되면 조직원 시절의 일을 쉽게 잊어버린다. 조직원 시절에는 직원끼리 이야기도 잘 통하고 잘 공감했었다. 그러다가 조직장이 되고 나면 조직원과 일정 부분 거리감이 생긴다. 조직원들과 자유롭게 상대하던 때와 달리 조직원으로부터 피드백도 잘 받지 않고, 조직원과 공감하거나 쉽게 다가가지도 않는다. 스스로 고립되면서 조직원과는 일방소통밖에는 할 수 없게 된다. 승승장구하던 조직장이 어느 순간 짐을 싸는 것은 평소 주변을 잘 관리하지 못한 탓도 있다.

리더가 자기를 드러내기 위해 구성원을 닦달하고 억누르면 구성원의 마음을 얻지 못한다. 구성원의 경력이 적고 조직에 대해 아는 것이 없다고 무시하는 리더가 있다. 고압적인 리더 앞에서 구성원은 시키는 일만 하게 된다. 시키는 일도 주눅이 들어 제 실력의 십분의 일도 제대로 발휘하지 못하게 된다.

이런 리더 주변에 인재가 모여든다

회사에서 나를 지켜봐주고 인정해주는 상사가 있을 때 직원은 큰 힘을 얻는다. 나를 지켜보는 상사가 있다는 의식은 직원의 몰입도를 높일 뿐만 아니라 자기가 하는 일에 책임감을 높여 어려운 업무를 헤쳐나가게 한다.

한샘에서 25년간 대표이사직을 수행한 최양하 전 회장은 이임식 때 직원들에게 "내가 그래왔듯이 회사를 위해 노력하는 게 아니라 여러분의 꿈과 목표를 위해 최선을 다해주시기 바란다. 여러분의 성공은 회사의 성공이 되지만 회사의 성공은 여러분의 성공을 담보할 수 없다. 여러분이 최고가 되고, 그런 최고인 사람들이 모여서 한샘이 최고가 될 것이다"라고 당부했다.

리더에게 가장 중요한 것은 구성원의 마음을 얻는 것이다. 구성원의 마음을 얻기 위해서는 우선 구성원을 인정해줘야 한다. 구성원을 인정하는 리더는 구성원의 말을 무시하지 않는다. 듣는 노력 없이는 결코 구성원의 마음에 들어갈 수 없다. 구성원의 마음을 얻기 위해서는 리더가 자기에게 관심을 가지고 있으며, 성장을 이끌어준다는 인상을 줘야 한다. 그리고 기다려줘야 한다. 리더는 구성원에게 충분한 시간을 주고 성과가 나올 수 있도록 지원해야 한다. 그러면 평소에 업무에 창의적인 모습을 보이지 않던 구성원도 동기가 부여되어 잠재된 창의성이 밖으로 드러난다. 리더의 관심으로 작은 성공을 거둔 구성원은 잠재의식을 깨우는 계기가 된다. 이런 작은 성공은 큰 성공을 이루는 디딤돌이 된다.

구성원의 마음을 얻기 위해서는 개별적인 관심이 필요하다. 구성원이 요즘 무엇 때문에 고민하는지, 구성원의 문제가 무엇인지 간파해야 한다. 개별적인 관심을 갖기 위해서는 업무적인 미팅과는 별도로 간단한 티타임 정도를 갖는 것이 필요하다. 가족문제, 인간관계로 갈등하는 구성원, 경제적인 문제로 고민하는 구성원들이 있다. 리더가 구성원에게 업무적인 배려를 하는 것도 필요하지만 개인의 고민을 들어주고 공감하는 자세 또한 필요하다.

회사생활에서 갈등관계는 서로를 공감하지 않는 데서 비롯된다.

공감은 상대를 먼저 배려하는 마음이다. 상대라면 이런 상황에서 이럴 수도 있겠구나 하고 상대의 입장을 생각하는 것이다. 아무리 상대방의 입장에서 이해하려고 노력해도 이해가 안 가는 구석이 있을 수 있다. 그것은 상대와 내가 자라온 환경이 다른 탓으로 생각하면 공감하는 데 도움이 된다. 갈등은 내 입장을 상대에게 주입시키려고 하는 데서 발생한다. 내 기준으로 상대를 판단하는 데서 갈등은 증폭된다.

구성원은 야단치는 리더보다 공감하는 리더를 따른다. 공감은 약이 된다. 구성원이 어려울 때 위로해주고 받은 상처를 치료해주고 아물게 해준다. 사람은 어렵고 힘든 일을 하는 것을 누군가 알아줄 때 힘을 받는다. 구성원이 상사로부터 가장 듣고 싶은 말은 "수고했어", "잘했어", "자네는 이 분야의 전문가야", "책임지고 추진해봐"라고 한다. 인정해줄수록 구성원의 사기가 올라간다. 충분히 공감하고 인정하면 많은 성과가 난다. 그러면 리더 주변에 인재가 모여든다.

축구선수를 선발하는 데
마이클 조던은 필요 없다

인재 양성은 최고경영자가 시간을 내어 직접 챙길 만큼 중요한 임무다. 제너럴일렉트릭(GE)의 전 최고경영자인 잭 웰치(Jack Welch) 는 자기 시간의 75%를 핵심인재를 채용하고, 평가하고, 보상하는 데 투자했다. 삼성의 창업주 호암 이병철 회장도 인생의 80%를 인재를 모으고 교육시키는 데 보냈다. 권오현 전 삼성전자 회장은 "축구선수를 선발하는 데 농구선수인 마이클 조던은 필요 없다"고 말하면서 조직도를 먼저 그리고 거기에 알맞은 인재를 배치하라고 하였다. 적재적소에 필요한 인재를 등용하는 것이 인재경영의 핵심이다. 우수한 인재를 선발해놓고 어디에 배치할까 고민하면 경험상으로 대부분은 실패한다. 인재의 기준을 학벌과 스펙으로 삼는 경우가 많다. 하지만 학벌 위주로 인재를 선별해 조직을 구성한다고 성과가 나는 것은 아니다. '아폴로 신드롬'은 우수한 인재들만 모인 조직에서 성과가 낮게 나타나는 현상을 말한다.

리더십 분야의 저명한 학자인 연세대학교 정동일 교수는 '리더십은 스타일이 아니라 성과를 위해 자발적 협조와 추종을 끌어내는 과정'이라고 정의한다. 조직장이 조직원의 협조와 추종을 이끌어내는 데는 여러 가지 방법이 있다. 조직장이 계급장으로 조직원의 추종을 이끌어내는 경우가 있다. 조직장이 갖는 고과권과 인사권으로 어느 정도는 조직원의 추종을 이끌어낼 수는 있다. 하지만 이런 방법은 자발적인 추종과 협조를 이끌어내지는 못한다. 리더십을 행사하는 과정이 중요시되기 때문에 정동일 교수는 리더십에서 '과정'을 강조했다. 과정은 진행형이다. '과정' 없이 성과를 내기 어렵다. 과정은 조직원의 자발적 협조하에서 극대화된다.

피터 드러커는 조직문화와 자기계발에 대한 동기부여를 통해 우수한 인재가 유입되고 유지된다고 했다. 우수한 인재를 발굴하고 기용하는 것도 중요하지만 우수한 인재를 활용하는 것이 더 중요하다. 우수한 인재가 조직에 적응하지 못하고 회사를 떠나는 경우가 많다. 회사라는 조직에는 현실에 안주하는 인재보다 창의적인 인재가 필요하지만 조직이 창의적인 인재를 배제하는 문화에서는 창의적인 인재는 버티지 못한다. 창의적인 의견은 보통 기존 조직의 체계와 맞지 않는 경우가 많다. 그래서 창의적인 아이디어는 무시되고 시도조차 하지 않는 경우가 많다. 창의적인 아이디어를 조직에 수혈하려면 리더의 안목과 자세 외에도 이를 이해시키기 위한 설득과 별도의 에너지가 필요하다.

조직원의 성과는 곧 조직장의 성과다. 우수한 인재를 많이 보유하는 것이 곧 회사의 경쟁력이다. 조직장은 조직원이 자기계발을 할 수 있도록 동기를 부여하고 배려해야 한다. 우수한 인재를 유지하는 데는 리더의 역할이 중요하다. 복지, 보상 등으로 우수한 인재가 회사에 오래 남도록 제도를 개선하는 것은 조직장으로서 한계가 있다. 하지만 조직장은 우수한 인재가 조직문화에 적응을 할 수 있도록 배려하고 도움을 줄 수는 있다.

한 사람의 중요성

영국의 사상가 존 스튜어트(Jon Stewart)는 "신념을 가진 한 사람의 힘은 관심만 갖는 아흔아홉의 힘과 맞먹는다"고 했다. 삼성 이건희 회장은 한 사람의 중요성을 특히 강조했다. 그는 탁월한 한 사람이 수십만 명을 먹여 살릴 수 있다는 신념을 가지고 있었다. 이건희 회장은 핵심인력이란 어떤 산업을 글로벌 톱3 또는 톱5에 들어가게 할 수 있는 사람이라고 했다.

건설산업에서 프로젝트 매니지먼트(PM)를 사업으로 하는 한미글로벌에서는 단장의 중요성을 강조한다. 단장은 회사를 대표해 프로젝트를 맡은 책임자를 지칭한다. 건설 프로젝트를 발주한 고객에게는 단장이 곧 한미글로벌이다. 단장이 고객의 기대를 만족시킬 경우 고객은 자사의 다른 프로젝트도 한미글로벌에 맡긴다. 맡길 뿐만 아니라 지인에게 적극 추천한다. 서비스에 만족한 발주자(건축주)는 스스로 영업사원이 되어 신규 발주자를 연결시켜준다. 한미글로벌 고객의 60% 이상이 재구매 고객이다. 단장에 대한 발주자의 신뢰가 아메바처럼 번져나간다.

'근묵자흑(近墨者黑)'이라는 말이 있다. 물병에 먹물 한 방울이 떨어지면 물병 전체를 검은 물로 만든다는 뜻이다. 리더는 근묵자흑에서 말하는 먹물 한 방울이 될 수 있다. 리더가 조직에 파란 잉크한 방울을 떨어뜨리면 조직 분위기가 파란 물이 되고 빨간 잉크를 떨어뜨리면 조직 전체 분위기가 빨간 물이 된다. 리더의 말 한마디, 행동거지 하나가 조직의 분위기에 영향을 준다. 그만큼 리더가 어떠한 마인드를 가지는가에 따라 조직의 분위기는 물론 조직의 성과에도 영향을 미친다.

기업의 성공과 실패는 인재채용에서부터 출발한다. 손정의는 《손정의 제곱 법칙》에서 '우수한 인재를 선발하고 신뢰한 인물을 만들어 사람들에게 행복을 가져다주는 것'을 인재관리의 목표로 삼았다고 말한다. 리더는 자기가 하는 분야에서 전문성을 가지고 있어야 한다. 회사에서도 전문성이 있다고 판단되는 사람에게 조직을 맡긴다. 조직의 리더는 전문성 외에도 조직을 이끌 수 있는 리더십이 필요하다. 리더십은 조직원에게 자발적인 협조를 이끌어내는 능력이다. 조직원의 추종을 받기 위해서는 조직원의 체면을 세워주고 인정과 칭찬을 아끼지 말아야 한다. 특히 다른 사람 앞에서 팀원을 비난하거나 비판하는 일은 절대 삼가야 한다. 조직장이 조직원을 비난하면 조직원은 상처를 받는다. 조직장이 무심코 던진 말이 조직원에게는 상처를 줄 수 있다.

리더는 조직을 일으키기도 하고 망하게도 한다. 회사는 조직장을 뽑을 때 매우 신중하다. 오랫동안 관찰하고 주변의 평판을 듣고 결정한다. 경영진은 조직장을 선정할 때 조직장 후보자의 성과만 보지 않는다. 회사의 가치에 부합하는지를 우선순위로 본다. 조직장뿐만 아니라 신입사원을 뽑을 때도 마찬가지다. 회사에 들어와서 조직과 잘 융합하고 회사에서 추구하는 방향과 잘 맞는 사람을 뽑는다.

조직장이 잘하면 조직이 맡은 프로젝트가 살아난다. 조직장은 바다에 있는 배를 끌고 올 수 있을 정도로 마음의 무장을 하고 있어야 된다. '누가 도와주겠지' 하는 의타심을 버려야 한다. 목표를 향한 조직장의 의지가 강력하면 조직원뿐만 아니라 주변 사람들도 그 진동을 느낀다. 회사는 조직장을 뽑을 때 경영의 한 부분을 일임하는 것이다. 조직장이 잘하면 조직이 성장 가도를 달리지만 그렇지 못하면 조직은 죽는다.

도구 6.

조직문화 : 승부를 결정짓는 승부수

탄광 속의
카나리아

옛날부터 광부들이 탄광에 작업을 하러 들어갈 때 카나리아라는 새를 데리고 들어갔다. 카나리아는 항상 우는데, 탄광 속에서 독가스가 나오면 갑자기 소리를 멈춘다고 한다. 탄광 속의 공기 변화를 카나리아가 빨리 감지하기 때문이다. 회사에서도 탄광 속의 카나리아와 같이 회사의 분위기를 빨리 알려주는 것이 있다. 구성원이 회사생활에서 '얼마나 행복해 하는가'이다.

리더가 성공의 척도를 어디에 두는가가 중요하다. 미국의 헌법도 '행복의 추구(Pursuit of Happiness)'를 근간으로 하고 있다. 사람도 어떤 가치를 지니고 있느냐에 따라 인생이 달라진다.

구성원들은 성공한 리더보다 가치 있는 리더를 원한다. 일본에서 경영의 신으로 여겨지는 이나모리 가즈오는 "사업하면서 거래하는 사람을 가족처럼 대하라"고 했다. 그러면서 그는 "사업의 성패는 거래하는 사람들이 얼마나 당신을 이해해주느냐에 달렸다"고도 했다. 회사도 마찬가지다. 구성원을 가족처럼 대하느냐 아니냐에 사업의 성패가 달려 있다. 행복하지 않은 구성원에게서 성과가 나오기는 어렵다. 리더는 조직을 잘 이끌어 성과를 내야 한다. 그런데 리더가 목표를 성장과 성과에만 두고 직원의 행복을 등한시한다면 탄광 속 독가스와 같이 조직을 죽게 만든다.

리듬체조 선수였던 손연재의 인생 목표는 메달이 아니었다. 대신 손연재는 행복한 리듬체조 선수가 되는 것을 목표로 잡았다. 결과에 매몰되면 과정을 희생하게 되는 경우가 많다. 물론 원하는 목표를 달성하기 위해서는 어려운 과정을 극복해야 한다. 하지만 목표 그 자체가 목표가 되어서는 안 된다. 목표를 달성했다고 행복이 완성되는 것은 아니다. 목표가 완성되면 또 다른 목표가 주어진다. 조직도 회사도 마찬가지다. 달성해야 될 경영목표가 있지만 이 목표를 위해 구성원을 희생하거나 구성원의 행복을 침해해서는 안 된다. 목표를 달성하고자 하는 궁극적인 목표는 행복이다. 목표를 이룸으로써 사업영역을 확장할 수 있고 이를 토대로 안정되고 건강한 조직, 좀더 나은 혜택이 구성원에게 돌아간다. 다른 사람을 이롭게 하는 것이 자신에게 가장 가치 있는 일을 하는 것이다. 다른 사람을 이롭게 한다는 것은 다른 사람을 행복하게 해주는 것이다. 목표를 달성하고자 하는 궁극적인 목표는 행복이다.

직원이 행복하다는 것은 조직이 건강하다는 증거다. 조직이 건강하면 직원이 행복하다. 다시 말하면 직원이 행복하지 않은 조직이라면 건강한 조직이 아니다.

다른 사람을 이롭게 하는 것이 자신에게 가장 가치 있는 일을 하는 것이다. 다른 사람을 이롭게 한다는 것은 다른 사람을 행복하게 해주는 것이다. 리더가 추구하는 방향이 중요하다. 아인슈타인도 성공한 사람보다 가치 있는 사람이 되라고 했을 정도로 가치를 중요시했다. 리더가 추구해야 할 가치는 행복한 사회, 행복한 조직, 행복한 구성원을 만드는 데 있다.

리더를
보여주는 창문

경쟁기업이 제품이나 서비스는 쉽게 추격해도 조직문화는 쉽게 따라하기 힘들다. 조직문화는 오랜 기간 조직에서 숙성되고 변화되어 하나의 문화로 자리 잡았기 때문이다. 그래서 조직문화는 리더를 보여주는 창문이다. IBM의 전 CEO 루이스 가스너(Louis Gerstner)는 '조직문화는 승부를 결정짓는 하나의 요소가 아니라 조직문화 그 자체가 승부수'라고 했다. 글로벌 기업들의 경영이념을 보면 기업문화를 짐작할 수 있다. 예를 들면 3M은 '풀리지 않는 문제를 혁신적으로 푼다'이고, 일본기업인 미라이 공업은 실적 목표가 없는 대신 비전을 실현하는 것이 목표고 조직문화다. 조직문화는 경영이념을 바탕으로 한다. 경영이념은 아무도 보지 않는 사무실 벽에만 걸어놓는 문구가 아니다. 경영이념은 회사의 존재 이유이자 경영목표가 요약된 것이다. 어느 기업이든 창립자가 있고, 이 창립자가 회사를 설립한 목적이 있다. 이러한 목적은 회사의 미션이나 비전에 담는다. 하지만 많은 구성원들이 이와 같은 미션이나 비전은 의례적인 것으로 간주하고 사무실 한쪽 벽에 걸려 있을 뿐인 액자의 문구로 밖에는 생각하지 않는다. 하지만 조직의 리더는 누구보다 오너가 회사를 설립한 목적을 항상 되새겨야 한다.

소프트뱅크의 손정의 회장은 최고경영자가 리더십을 발휘할 때 반드시 갖춰야 할 항목으로 '뜻', '비전', '전략'을 들었다. 경영이념은 그 회사 사원이면 누구라도 외울 정도로 숙지해야 한다. 제너럴일렉트릭의 전 CEO인 잭 웰치는 경영자가 '열 번 이야기하지 않았다면 이야기하지 않은 것'이라고 했다. 그는 경영비전을 800번 반복해야 직원들이 알아듣는다고 했다. 조직은 출신배경이 다양한 구성원들로 구성되어 있다. 각기 다른 조직문화를 경험하고 온 구성원들로 채워져 있다. 이들에게 기업 고유의 문화를 이식하기 위해서는 지속적으로 조직문화를 반복해 조직 내에 수혈해야 한다. 조직문화는 기업 고유의 특성을 내포하고 있지만, 본류는 유지하되 시대에 맞게 유연하게 적용되어야 한다. 요즘 MZ세대들은 일과 삶의 조화를 원한다. 일을 즐기고 삶도 즐긴다. 놀이의 반대는 일이 아니라 우울증이라고 한다. 기업이 조직문화를 제대로 세우지 않는다면 교류와 협업이 부족한 조직 우울증에 걸리기 쉽다.

건전한 조직문화 없이 기업은 지속하기 어렵다. 다리를 놓는 목적은 사람과 물건이 통행하기 위함이다. 회사에서 조직장의 역할은 기업의 조직문화를 실천하고 이를 구성원들에게 전수하는 다리의 역할을 하는 데 있다. 이러한 맥락에서 조직장은 조직으로부터 부여받은 업무를 조직원에게 할당하고 성과를 검토하며 독려해야 한다. 또한 경영진의 의사를 조직원에게 전달해 회사가 추구하는 방향에 맞게 업무를 정렬해야 한다.

조직문화는 최고경영자가 직접 챙겨야 하고, 각 단위조직은 조직장이 직접 챙겨야 한다. 그래야 조직문화가 조직 깊숙이 스며들 수 있다. 오늘날 대부분의 기술은 개인보다 조직이 가지고 있다. 조직이 원활히 움직여야 경쟁력을 확보할 수 있다. 혈액이 잘 순환되어야 건강을 유지하는 것과 같다. 요즘 조직문화를 필두로 한 조직력이 강조되고 있다. 조직문화는 기업의 핵심역량이자 소중한 자산이다.

일하는 방식의
일부분

회의 문화는 일하는 방식의 일부분이다. 회사생활에서 회의는 소통과 업무의 중요한 수단이다. 직장생활을 하다 보면 상급자로 올라갈수록 캘린더가 회의 일정으로 채워진다. 리더가 되면 회의에 참석하는 횟수가 잦아진다. 소속 구성원들과 하는 회의 외에 경영진 회의, 조직장 회의, 각종 TF 회의 등 다양한 회의에 참석하게 된다.

회의 문화를 중요시하는 맥킨지(McKinsey) 컨설팅은 회의 참석자가 회의 내내 발언을 하지 않으면 불참한 것으로 간주한다고 한다. 회의를 하는 목적은 정보를 전달하는 것도 있지만 회의 안건에 대해 구성원의 의견을 들어보는 것이다. 회의 자료를 제대로 읽어보지 않으면 자신의 의견을 제대로 내기 힘들다. 자신의 의견을 낸다 해도 주제와 방향이 다른 의견을 내기 쉽다. 회의에는 기본적인 에

티켓이 있다. 회의 자료는 회의 3일 전에 배포해야 한다. 그래야 회의 참석자들이 회의 자료를 사전에 검토해 회의 주제와 관련된 생각을 정리하고 질문을 준비할 수 있다.

회의 참석자들이 회의 시간을 맞추는 것은 간단한 일 같지만 쉽게 지켜지지 않는 문제다. 회의 장소에 일찍 도착한 사람이 있는가 하면 회의 시간 정각에 맞춰 들어오는 사람도 있다. 또 회의 시작 후에 도착하는 사람도 있다. 회의에 참석하지 못할 경우 사전에 메일로 불참을 알리는 사람이 있는가 하면 아예 사전 알림 없이 불참하는 사람도 있다. 나중에 딴말 하는 사람은 대체로 사전 알림 없이 회의에 불참한 사람들이다. 회의를 주관하는 리더 입장에서는 회의 시간이 다 되었는데 참석자가 오지 않으면 불안하다. 참석자가 회의를 잊은 건 아닌지 궁금해서 구성원을 통해 참석자를 확인하는 경우도 있다. 이런 경우 회의 전에 침착하게 회의를 진행할 준비를 해야 하는 리더 입장에서는 회의 시작 전부터 산만해지기 싶다. 회의 참석자는 회의 장소에 적어도 5분 전에 도착하는 것이 기본 예의다.

아인슈타인은 "우리가 직면한 문제들은 우리가 그 문제를 발생시킬 때와 똑같은 사고방식으로는 풀 수가 없다"고 했다. 공장이나 현장에 관련한 문제라면 본사 사람만 회의를 하는 것보다 현장 사람의 의견을 들어보는 것이 유익하다. 독일에서는 문제해결을 위한 팀을 구성할 때 비슷한 경력을 가진 사람들로만 조직하지 않는다.

예를 들어 반도체 문제를 해결하기 위해서는 반도체 엔지니어뿐만 아니라 필요하다면 반도체 운반기사까지 합류한다. 문제해결을 위한 회의라면 새로운 시각으로 문제를 바라볼 수 있는 사람이 회의에 참석할 경우 의외로 도움이 된다.

회의가 끝나면 회의록을 작성한다. 보통 회의록은 참석자의 발언을 모아두는 정도에 그치는 경우가 많다. 회의를 효과적으로 하기 위해서는 회의록에 조치항목이 꼭 들어가야 한다. 이 조치항목은 다음 회의 때 어떻게 처리되었는지 관련자들에게 공유하는 것이다. 그렇지 않으면 회의를 하고 남는 것이 없다. 뭐 때문에 회의했는지 의아해진다.

리더들이 회의 자료를 만드는 데 많은 자원을 투입한다는 것은 조직문화가 거꾸로 가는 신호다. 그래서 문서 편집에 시간이 많이 소요되는 파워포인트를 회의 자료로 못 쓰게 하는 회사도 많다. 아마존에서는 회의 자료를 만들 때 파워포인트 대신 6페이지 정도의 산문형식으로 요약한다.

회의는 직장생활의 필수요소다. 회의를 효과적으로 하려면 올바른 회의 문화를 구축해야 한다. 많은 사람이 귀한 시간을 내어 참석하는 회의는 생산성에 직결되기 때문에 회의의 기본원칙을 지켜야 한다.

기업이 가질 수 있는
가장 강력한 무기

리더는 조직문화의 수호자다. 리더를 보면 조직의 분위기를 짐작할 수 있다. 모든 리더가 그런 것은 아니지만 리더의 행동 하나하나가 구성원들에게는 조직문화의 척도로 보일 수 있다. 조직마다 분위기가 조금씩 다른데 이것은 조직장이 어떤 마인드를 가지고 조직을 리드하느냐에 따라 달라진다. 같은 조직원이라도 조직장이 바뀌면 조직의 분위기가 달라진다.

조직장을 오래 한 사람은 기업의 조직문화가 알게 모르게 몸에 배어 있다. 조직장을 오래 하면 최고경영자가 강조하는 것이 무엇인지, 어떻게 대응해야 하는지 간파하며 최고경영자의 숨은 의도까지 알아내는 수준으로까지 올라간다.

가문에는 가풍이 있듯이 기업에는 조직문화가 있다. 조직문화는 탑다운 방식으로 형성된다. 최고경영진이 어디에 초점을 두는지에 따라 회사의 조직문화는 차별화된다. 최고경영자가 행복을 강조하면 조직 곳곳에서 행복을 위한 플랜이 펼쳐질 것이고, 최고경영자가 혁신을 강조하면 조직은 업무혁신을 하느라 동분서주할 것이다.

리더의 스타일이 조직문화의 70%를 좌우한다는 연구 결과가 있다. 리더와 구성원과의 거리는 리더의 권위와 상관관계가 있다. 리더가 권위를 내세울수록 구성원은 리더의 책상 가까이로 오지 않는다. 구성원은 틀린 것이 아니라 나와 다르게 생각하고 행동하는 것이라는 것을 잊어서는 안 된다.

회사의 경영전략은 내외부 환경변화에 대응하기 위해 매년 다르게 수립된다. 하지만 조직문화는 해마다 바뀌지 않는다. 국가, 사회, 기업에서 문화는 단기간에 형성되지 않는다. 오랜 기간 체화되고 숙성되었기 때문에 쉽게 바뀌지도 않는다. 오랜 기간 형성된 조직문화는 내외부 환경에도 둔감하다. 조직문화는 성과를 이끌어내는 견인차 역할을 한다. 강력한 조직문화를 가지고 있으면 웬만한 외력에도 끄덕 없이 버틴다. 그래서 조직문화는 기업이 가질 수 있는 가장 강력한 무기다.

글로벌 기업일수록 강한 조직문화를 가지고 있다. 조직문화는 구성원 간의 암묵적인 동의하에 형성되는 일종의 규범과 같다. 회사가 망할 때는 가장 먼저 조직문화부터 흔들린다. 조직문화는 회사의 흥망성쇠를 알려주는 알람이다. 외부에서 새로운 인력이 들어오면 조직문화에 빨리 동화되도록 도와야 한다. 조직문화는 조직을 하나로 묶어준다. 조직문화는 보이지 않는 헌법과도 같다고 볼 수 있다.

경영시스템은 경쟁자가 인력과 자원을 투입하면 모방할 수 있지만 조직문화는 경쟁사가 쉽게 모방할 수 없다. 조직문화는 기업의 경쟁력의 원천이자 기업 존립의 근간이 된다. 리더는 조직문화의 버팀돌이다. 기업에서 조직단위의 문화는 조직의 문화다. 조직의 문화는 조직장의 영향력이 크다. 리더가 흔들리면 조직문화가 흔들린다. 리더의 존재 이유 중 하나는 조직문화를 수호하는 데 있다고 해도 과언이 아니다. 그렇기 때문에 조직장은 조직원이 조직문화에 잘 부응하도록 앞장서서 지켜야 한다.

행복도
습관이다

직장인은 하루 중 잠자는 시간을 빼면 대부분의 시간을 직장에서 보낸다. 점심시간까지 9시간 근무하고 출퇴근으로 2시간 정도 쓴다고 보면 하루 중 직장생활로 11시간을 보낸다. 여기에 잠자는 시간 7시간 정도를 빼면 하루 중 개인 시간은 고작 6시간이다. 직장인은 보통 이런 패턴으로 30년 정도를 보내고 정년 퇴임한다. 가족보다 훨씬 더 많은 시간을 직장 동료와 같이 보낸다. 조직은 인간관계로 엮여 있기 때문에 어떤 인간관계를 맺느냐에 따라 가족

같은 분위기를 만들 수도 있고, 그저 출근해서 어쩔 수 없이 만나 일하고 퇴근하면 잊히는 관계가 될 수도 있을 것이다.

직장생활이 힘들면 인생 고역이 따로 없다. 반대로 직장생활이 즐겁고 보람되면 인생의 즐거움은 배가된다. 직장에서 성과는 행복의 필요조건이지 충분조건은 아니다. 성과와 과정 모두가 행복해야 조직에서 진정한 행복을 누릴 수 있다. 성과는 좋은데 과정은 행복하지 않다면 반쪽짜리 행복이 아니라 행복 자체가 없는 것이나 다름없다. 과정 하나하나가 행복해야 한다. 과정은 힘들고 넘어야 할 산도 많지만 힘든 과정을 동료와 함께 격려하고 협력하면서 헤쳐갈 때 행복도 함께한다.

삼성전자 권오현 전 회장은 가정의 행복이 곧 직장의 행복으로 이어진다고 했다. 행복한 가정은 행복한 직장생활의 밑받침이 된다. 어느 직장인의 이야기다. 수능시험 당일, 아버지가 출근하면서 그동안 등한시했던 아들에게 문자를 보냈다. 침착하게 시험을 보라는 문자를 보내, 그동안 소홀했던 아이에게 관심을 표현했다. 자녀가 바로 답장을 보내왔다. "아빠, 나 이제 고등학교 2학년이에요!"

행복도 습관이다. 행복한 생각을 하면 행복해진다. 행복한 조건이 먼저냐 행복을 생각하는 것이 먼저냐를 묻는다면 행복한 생각이 먼저다. '지금 난 행복하다'라고 생각하지 않는 사람은 세상 모든 것을 가져도 결코 행복하지 않을 것이다. 감사하는 마음도 행복을 만드는 습관에 중요한 역할을 한다. 사람이 느끼는 행복의 깊이는 그 사람이 생각하는 감사의 깊이와 같다.

구성원의 행복을 위해 많은 회사들이 관심을 가지고 있지만, 실제로 현업에 적용하는 회사는 많지 않다. 자녀가 잘되기를 바라듯이 리더는 구성원이 잘되기를 진심으로 바라야 한다. 그래야 리더가 곤경에 처했을 때 구성원이 발 벗고 도와준다. 이심전심이다.

경영진이 조직의 리더를 행복하게 만들면 조직원도 행복하다. 경영진이 조직의 리더를 어떻게 대하느냐에 따라 리더는 에너지가 생성되기도 하고, 고갈되기도 한다. 조직의 리더는 구성원에게 에너지를 불어넣는 역할을 해야 한다. 경영진으로부터 잔뜩 스트레스를 받고 있는 조직의 리더는 결코 조직원을 행복하게 할 수 없다. 리더의 사기가 떨어지면 구성원의 사기도 떨어진다. 이것은 구성원에게 에너지 공급을 중단시키는 것과 같다. 구성원의 행복은 경영진이 구성원에게 해주고 싶은 것을 해주는 것이 아니라 구성원이 필요한 것이 무엇인지 묻는 것에서부터 시작해야 한다.

성공은 실패를
반복한 것에 대한 보상

대부분의 조직은 실패를 용인하지 않는다. 그런데 아마존은 실패를 용인하는 기업문화를 가졌다. 아마존을 창업한 제프 베조스가 한 일은 직원들이 대담해지도록 격려한 것이다. 그는 성공은 그동안 효과가 없었던 수십 번의 실패를 반복한 것에 대한 보상이라고 주장한다. 아마존의 성공은 이처럼 실패를 인정하고 격려함으로써 동기가 부여된 직원들이 주인처럼 주도적으로 생각하고 행동한 결과이다.

조직에는 철밥통 사수자가 있다. 이들은 주어진 일은 실수 없이 하는 편이지만 절대 새로운 시도를 하지 않는 타입이다. 업무 개선에 대한 의지도 약하다. 업무를 담당하면서 어떤 부분을 개선해야 하고 문제점이 무엇인지도 잘 알고 있고 동료들의 코멘트도 잘 알고 있지만, 업무를 개선해야 할 때의 수고와 혹시 개악되었을 때의 비난을 속셈하며 <u>스스로 현재에 안주한다.</u>

우리나라의 업무 감사문화도 문제다. 열 개를 잘해도 한 개를 실수하면 징계를 받는 구조다. 아무것도 하지 않으면 오히려 징계를 피할 수 있다. 그렇기 때문에 혁신이나 개선을 하지 않는 문화가 조직이나 개인에게 깊숙이 자리 잡고 있다. 업무를 개선하려는 의지보다 업무 감사가 나왔을 때 꼬투리를 잡히지 않으려고 과도한 증빙 서류를 챙기느라 시간과 에너지를 소모한다.

목표가 높으면 실패할 확률도 높아진다. 그래서 실패가 두려워서 목표를 낮게 가져가는 경향이 있다. 실패를 용인하지 않는 기업에서 리더는 절대 목표를 도전적으로 설정하지 않는다. 실패할 확률이 거의 없는 안정되고 관리적이고 소극적인 프로젝트에만 매달린다. 높은 기준을 세우는 기업문화는 그만한 가치가 있고 기업이 발전하는 데 밑거름이 된다. 리더라면 자기가 하는 업무에서 높은 기준을 설정하고 양보하면 안 된다. 리더가 설정한 기준은 주변 여건에 맞춰 타협해서는 안 된다. 타협은 또 다른 타협으로 이어지며, 결국 안주하게 된다.

연구개발 등 실패가 반복적으로 일어날 수 있는 분야가 있는 반면, 실패해서는 안 되는 분야가 있다. 인재채용과 관련된 부분이다. 앞서 언급했듯 아마존에는 높은 기준으로 지원자를 검증하는 바 레이저라고 부르는 그룹이 있다. 그들은 인재채용과 관련된 전문교육을 받은 집단인데 아마존에 취업하려면 바 레이저의 승인이 있어야 가능하다.

'퍼스트 펭귄'은 남극의 빙하 위에서 펭귄들이 거센 파도를 마주하고 있을 때 처음으로 바닷속에 뛰어 드는 펭귄이다. 이 펭귄을 보고 다른 펭귄들도 따라 바다에 뛰어든다. 현대사회는 애자일(Agile)

조직이 각광을 받고 있다. 제품을 개발할 때 너무 진도를 많이 나가지 않는 상태에서 시장의 반응을 보고 발 빠르게 맞춰나가는 전략이다. 한마디로 작은 실패를 반복하고 개선점을 찾아 교정함으로써 성공에 점진적으로 다가가는 전략이다.

도전과 혁신은 성공의 필수조건이다. 도전과 혁신 없이 성공한 기업은 없다. 개인도 마찬가지다. 담당하는 업무를 개선하거나 혁신하지 않고는 조직에서 인정받기 어렵다. 의욕이 넘치는 구성원들로 이루어진 조직에서 실패를 두려워하지 않고 도전정신으로 무장할 때 조직은 발전한다. 실패를 용인하는 문화가 뒷받침되어야 그렇게 될 수 있다.

한 명만 보면
회사를 알 수 있다

여론조사는 통상 1,000명의 표본을 조사하는데, 표준오차는 ±3.1% 수준이다. 1,000명만 조사하면 대한민국 전체 국민의 여론을 가늠할 수 있다. 마찬가지로 어떤 회사인지, 어떤 조직인지는 굳이 조직원을 다 볼 필요 없이 조직원 한 명만 봐도 조직의 전체 분위기를 읽을 수 있다. 그만큼 조직원 한 사람, 한 사람이 중요하다. 조직원 한 사람이 때에 따라서는 회사를 대표한다. 고객은 경영층을 만나기보다 접점에 있는 조직원 한 사람과 먼저 상대한다. 고객 접점에 있는 한 사람에게서 받은 인상이 조직 전체의 분위기를 짐작케 한다. 한 사람의 태도가 흐트러지면 그 여파는 조직 전체에 미친다.

필자는 업무 특성상 현장이나 고객사를 많이 방문한다. 그때마다 방문하는 곳의 일하는 환경을 보면 고객사의 특징을 많이 느끼게 된다. 같은 공장이라도 군대 같은 분위기로 플래카드가 걸려 있는 사업장이 있는가 하면, 화초로 사무실을 꾸미며 식물원에 와 있는 것 같은 회사도 있다. 이런 분위기를 보면 이곳에서 일하는 직원들은 어떤 마음으로 일할까 하는 궁금증이 생긴다. 사람은 환경의 지배를 받기 때문에 일터의 분위기가 사고하고 행동하는 데 영향을 미친다.

이 회사가 어떤 회사인지는 회사에 들어서며 느끼는 첫인상에서 많이 드러난다. 굳이 오랫동안 이 회사에 머물지 않아도 회의실 분위기, 직원의 행동이나 말투만 봐도 회사의 서비스 수준이 어떤지 대충 짐작이 간다. 전화 응대 예절만 봐도 일류회사인지 서비스가 좋은 회사인지 판가름이 가능하다. 구성원의 복장, 말투, 표정을 보면 회사 분위기를 짐작할 수 있다. 특히 회사를 찾아온 손님을 맞이하는 태도를 보면 얼마나 고객지향적인 회사인지 알 수 있다. 흔히 잘 나가는 기업에서는 인성교육이 비중 있게 다루어지고 있다. 일류기업일수록 직원교육을 중요시한다. 앞서가는 기업은 전체 구성원을 대상으로 다양한 교육 프로그램을 실시한다.

조직도 마찬가지다. 조직원을 보면 조직을 알 수 있다. 조직원이 타 부서와 얼마나 잘 협조하는지는 조직장의 역할이 크다. 조직장에 따라 조직의 분위기는 달라진다. 화기애애하던 조직도 조직장이 바뀌면서 무거운 분위기로 바뀌고, 간간히 들리던 웃음소리는 조직장의 고함소리로 대체되기도 한다. 이런 조직 분위기에서 근무하는 조직원을 사내에서 마주치면 힘들어하는 표정을 읽을 수 있다.

한 사람 한 사람이 모여 조직이 되고, 그런 조직이 모이면 회사가 된다. 회사는 사람들로 구성된 집합체다. 부부가 오랫동안 같이 살면 서로 닮아가듯 조직에서도 오랜 시간 동료들과 함께 생활하다 보면 알게 모르게 생각하는 방식이나 행동이 닮아간다. 이것이 축적되면 관행이 되고 문화가 된다. 전염병이 주위 사람들을 쉽게 감염시키듯 조직에서 한 사람이 가진 의식수준이나 태도는 주위 사람들에게 쉽게 전파된다. 세관에서 수입되는 수많은 포대자루에 담긴 곡물을 검사할 때도 전수조사를 하지 않고 무작위로 몇 군데 포대에서 곡물을 살펴보고 전체 곡물의 수준을 파악한다. 조직도 마찬가지다. 조직원 한 사람의 행동과 태도는 조직이 가지고 있는 문화와 수준을 담고 있는 거울이다.

도구 7.

감사 : 가진 문제가 아니라
받은 복을 헤아려보라

감사하기 때문에
행복하다

고맙다는 일본어 '아리가또 고자이마스'의 어원은 '있을 수 없는 일이 일어난다'는 의미다. 주어진 환경에 불평하기 전에 감사할 일을 먼저 찾아보는 것이 행복으로 가는 지름길이다. 누구나 문제를 안고 살아간다. 내가 없는 것을 가지고 있는 사람이라도 내가 모르는 문제를 안고 살아간다. 우리는 문제에 초점을 두기보다 우리가 받은 혜택을 되새겨볼 필요가 있다.

세상과 고립된 두 개의 장소가 있다. 하나는 감옥이고 또 하나는 수도원이다. 이 두 장소가 다른 점은 하나는 불평과 불만이 있는 곳이고, 하나는 감사하는 마음으로 사는 곳이다. 감사와 불평·불만 중에 어떤 마음을 가지고 사느냐에 따라 감옥도 수도원이 될 수 있고 수도원도 감옥이 될 수 있다.

우리는 자라면서 사회로부터 교육, 교통, 의료, 안전, 복지 등 많은 혜택을 받았다. 나는 벽돌 한 장 쌓지 않았지만 겨울에 난방이 되는 따뜻한 집에서 산다. 도로를 닦기 위해 삽질 한 번 하지 않았지만 고속열차를 이용하고, 자동차로 고속도로를 달릴 수 있다. 뿐만 아니라 산속을 뚫느라 엄청난 노력과 시간이 들어간 긴 터널을 자유롭게 드나든다. 땡볕에 밀을 재배하는 수고를 하지 않았지만 부드러운 빵을 언제나 맛볼 수 있다. 누군가가 누군가를 위해 곳곳에서 일을 분담했기에 가능한 일이다. 우리가 원하든 원하지 않든 우리는 사회로부터 알게 모르게 많은 혜택을 받고 살아가고 있다.

타국이나 오지에 출장을 가서 업무를 하게 되면 우편, 인터넷, 통신, 사무실 임대, 각종 집기 등 모든 것을 직접 마련해야 한다. 하지만 지금은 관리부서에서 편하게 업무를 할 수 있도록 사무업무를 지원하고 있다. 지금 업무를 수행하고 있는 사무실은 모든 업무 환경이 갖춰져 있어 나는 주어진 업무만 하면 된다. 월급을 제때 탈 수 있도록 회사경영을 꾸려나가는 경영진에게도 감사한 마음을 가져야 한다. 걱정 없이 직장생활을 할 수 있게 도와주는 가족들에게도 감사해야 한다. 어려울 때 고민을 들어주고 이야기할 수 있는 친구에게도 감사하다. 자라면서 부모님의 헌신이 없었다면 현재까지의 나란 존재는 없었을 것이다.

어쩌면 내가 알고 있는 일에 감사한 것보다 내가 미처 깨닫지 못하는 잠재된 일에 감사할 일이 더 많다. 모든 신체활동이 정상적으로 작동되어 건강을 유지할 수 있는 것은 무엇보다 감사할 일이다. 다시 말하면 나의 노력이나 의지와 관계없이 터무니없이 나에게 주어지는 많은 것들에 감사해야 한다. 내가 한 행동과 관계없이 무조건적으로 주어지는 일에 감사해야 한다.

작은 것에도 감사하는 마음은 플러스 에너지를 만든다. 리더는 조직원에게 감사하는 마음을 갖는 것이 중요하다. 필자가 근무하는 조직 공간에는 '감사 나무'가 있다. 필자는 매일 그날의 감사한 마음을 카드에 적어 감사 나무에 걸어둔다. 'OO씨가 조직의 공통 업무를 처리해주어서 감사합니다', '오늘은 날씨가 맑아서 감사합니다' 하는 식으로 걸어두면 구성원들도 서로에게 감사한 일을 카드에 써서 걸어둔다. 사람이 얼마나 행복한가는 그 사람의 감사의 깊이와 같다고 한다. 리더가 조직원을 대할 때 어떤 자세를 가지고 대하는가는 매우 중요하다. 조직원을 질책의 대상, 자신의 성장을 위한 도구로 삼는 리더가 있는 반면에 조직원을 고마움의 대상, 성장을 이끌어주어야 하는 대상으로 보는 리더도 있다. 리더가 조직원을 어떤 관점으로 보느냐에 따라 조직원을 대하는 태도는 전혀 다르게 나타날 것이다.

'행복하기 때문에 감사하다'라기보다 '감사하기 때문에 행복하다'가 더 적합한 표현일 것이다. 행복은 멀리 있지 않다고 한다. 감사와 행복은 동반자이자 친구다. 누군가의 보살핌이 없었더라면 나라는 존재는 세상에 존재하기 어려웠을 것이다. 속담에 '되로 주고 말로 받는다'는 말이 있다. 이 말의 뜻은 적게 주고 많이 받는다는 의미다. 감사가 그렇다. 감사하면 있을 수 없는 일이 일어날 수 있다. 감사한 마음은 되로 주고 말로 받는 결과가 온다.

가치는 신뢰가
전달된 것

이웃은 단지 공간적인 특성만을 가리키는 것이 아니다. 우리의 도움이 필요한 곳, 가치를 발굴하고 창출할 수 있는 대상이 모두 이웃이다. 기업은 조직이 가진 역량을 이용해 사회를 이롭게 하는 과정에서 그에 대한 대가로 이익을 남긴다. 교세라 전 회장인 이나모리 가즈오는 사업을 시작할 때 '동기가 선하고 사심이 없는가'에서부터 출발했다. 기업의 목표가 사회를 발전시키고 변화시키는 일에 부합할 때 사회도 이에 상응하는 대가를 기업에 지불한다.

우리 사회는 성공한 기업보다 가치 있는 기업을 더 바라고 있다.

아인슈타인도 성공한 사람보다 가치 있는 사람이 될 것을 강조했다. 가치(Value)의 정의를 살펴보면 '신뢰가 전달된 것'이다. 신뢰는 이웃과 동일한 가치와 신념을 공유하는 것이다. 기업은 사회와 함께 공존하면서 사회를 위한 필요한 가치를 발굴하고 그 가치를 충족하는 행위를 함으로써 사회에 이바지하는 것이다. 애플의 창업자 스티브 잡스는 시장조사나 고객 설문조사를 하지 않았다. 그는 고객의 잠재된 니즈는 설문조사를 통해 나타나지 않는다고 생각했다. 스티브 잡스는 고객의 잠재된 니즈를 충족하는 것이 애플의 사명이라고 생각하고 제품을 개발했다.

고객에게 즐거움을 주는 펀(Fun) 경영으로 유명한 사우스웨스트 항공사는 9. 11테러 후 난관에 봉착했다. 이 시기에 많은 고객들이 사우스웨스트 항공사에 수표를 보내왔다. 1,000달러 수표 뒷면에는 고객들이 이 항공사가 몇 년 동안 친절을 베푼 일을 떠올리며 어려운 시기에 조금이나마 보탬이 되었으면 한다는 메모가 적혀 있었다.

사람들을 성공에 이르게 하는 견인차 역할을 하는 것이 황금률이다. 황금률은 '남이 원하는 대로 해주는 것'이다. 리더는 '인지상정'의 마음을 기본적으로 지니고 있어야 한다. 하나를 도와주면 필요할 때 둘을 받는다는 원리를 터득해야 한다.

어떤 사람이 감옥에 갇힌 신세가 되어 아버지에게 감옥에서의

견디기 힘든 생활을 편지로 하소연했다. 이 편지를 받은 아버지는 딸에게 "누구는 감옥에서도 별을 보고, 누구는 땅을 본다"라는 간단한 답장을 보내왔다. 이 편지를 받은 딸은 용기를 잃지 않고 어려운 시기를 잘 극복해서 훗날에 유명한 작가가 되었다.

기업은 자신이 가지고 있는 역량을 녹여내어 인류와 사회의 문제를 해결해주는 존재가 되어야 한다. 가치 있는 기업이 되려면 얼마만큼 많은 자산을 가졌는지보다 사회가 원하는 가치에 얼마나 충실했는지에 초점을 맞춰야 한다. 기업의 궁극적인 목표는 가치 창출을 통해 사회를 이롭게 하는 데 있다. 가치창출의 대가로 받은 이익을 어떻게 사회를 위해 쓰느냐로 사랑받는 기업이 될지 말지가 판가름 난다.

당신은
소중하니까

뉴욕의 어느 호텔에는 재방문 고객만을 전담하는 직원이 있다. 이 전담 직원이 하는 일은 호텔을 재방문한 고객을 기억해 고객의 이름을 부르며 인사를 건네는 것이다. 이런 서비스의 대가로 전담

직원은 다른 직원보다 세 배의 급료를 받는다. 고객은 자기가 소중한 사람으로 대우받는다는 느낌이 들어 기분이 좋아지고 호텔은 재방문 고객의 증가로 수익이 향상되었다.

망해가던 JAL을 회생시킨 핵심전략은 '다른 사람을 소중히 여겨라'라는 것이었다. 성공과 실패를 마주했을 때에는 주위에서 격려와 위로를 하지만 보통 일상적인 활동에서는 격려나 위로를 잘하지 않는다. 매일 반복되는 일상이라도 소중히 할 필요가 있다. 공감이라고 해서 별도로 시간을 내서 할 필요는 없다. 일상 업무 중에 가볍게 관심만 보여도 된다. 직원이 출장을 갈 때면 "자동차를 이용하느냐, 대중교통을 이용하느냐" 정도의 질문으로 관심을 보이고, 2시간 이상 자동차를 타고 갈 거리면 대중교통을 이용할 것을 권유하는 것 정도면 충분하다.

카네기 공과대학의 연구결과를 보면 기술적 지식이 성공에 미치는 영향은 15% 정도에 불과하지만 인간관계는 85%라고 한다. 조직에서 인간관계는 조직장과 구성원과의 관계, 구성원 간의 관계, 조직 간의 관계가 있다. 일반적으로 조직장과 조직원은 소속 조직에 자신의 의지와 관계없이 배치되는 경우가 많다. 그렇기 때문에 서로의 성격이나 취향 등에 대해 잘 알지 못하는 상태에서 업무를 하게 된다. 하지만 어느 정도 시간이 흐르면 서로 배려하고 공감하면서 융화되어간다. 이때 중요한 것은 함께한 시간의 양이 아니라 인간적인 교감의 깊이다. 누구에게는 평범해 보이는 하루가 갈등과 번민으로 채워지는 시간일 수 있다. 바쁘고 힘든 일상에서도 "잘했어", "고생했어"라는 멘트를 동료와 공유하는 것은 메마른 논에 한 줄기 빗방울이 스며드는 것과 같다. 이 빗방울은 갈라진 틈을 메우고 대지에 생기를 돋게 한다. 공감을 잘하는 사람은 상대를 소중히 여기는 사람이다.

의학에서는 '샹들리에(Chandelier)'라는 용어가 있다. 이는 환자가 통증이 극에 달할 때 감정이 폭발하는 현상을 말한다. 보통 사람은 평소 크고 작은 감정들을 억누르고 산다. 그런데 조직장이 자신의 기분에 따라 조직원을 함부로 대한다면 무심코 던진 말 한마디로 잠재적으로 억눌린 감정이 폭발할 수도 있다. 그동안 억눌린 마음의 심지에 불이 붙은 경우일 것이다.

리더는 '꼰대'라는 말을 듣기 쉽다. 꼰대의 특징은 공감이 부족하다는 것이다. "나 때는"이라고 이야기를 시작하는 경우는 상대방을 공감하는 마음보다 자신이 위로받고 싶은 경우다. 자신이 어려웠던 시절에는 이렇게 일했는데 너희는 편한 세상에서 살고 있다고 말하는 것이 꼰대의 공통분모다. 공감은 상대방 입장에서 생각하는 것이다. 내가 상대방 입장에 처했을 때는 어떤 마음일까를 헤아리는 것이다. 결과에 대한 공감보다 과정에 대한 공감이 더 긍정적으로 작용한다고 한다.

조직원은 조직장이 생각하는 대로 처신한다. 조직장이 조직원을 가족으로 생각하면 조직원을 대하는 조직장의 태도가 달라진다. 조직원을 소중히 여기면 조직원도 조직장을 소중히 여긴다. 세상에는 공짜가 없다. 성과보다도 사람을 더 우선해야 한다. 사람을 우선시할 때 성과는 따라온다. 조직원이 조직장으로부터 배려와 공감을 받으면 조직원은 그 이상으로 보답한다.

기업의 지하수

강물이 흐르는 것은 그 밑에 지하수가 있어 밑으로 스며들지 않기 때문이다. 기업이 유지되고 발전하기 위해서는 기업의 존재 이유를 떠받치는 지하수가 있어야 한다. 기업이 이익만을 추구하기보다 이웃과 사회의 고민을 함께 공감하고 호흡하며 공생을 꾀하는 것이야 말로 기업을 영속시키는 지하수와 같다.

가나의 민속신화에는 산코파(Sankofa)라는 새가 등장한다. 발은 앞으로 나아가고 머리는 알을 지키기 위해 뒤를 바라보는 모습으로 묘사되는 새이다. 실제로 아칸 부족에서 유래된 '산코파'의 의미는 '과거로 돌아가 유용한 것을 앞으로 가져온다'라는 뜻이 있다.

앞으로 나아가려면 뒤를 돌아봐야 한다. 뒤는 기업으로 치면 창립
이념이다. 기업은 창립이념을 근간으로 핵심을 지키되 현재의 트
렌드에 맞게 새로운 맥락으로 해석하고 재평가하는 일련의 행동이
연속되어야 한다.

존슨앤존슨의 창립이념은 '항상 고객을 우선한다'는 것이다.
1982년 타이레놀 병에 누군가 독약을 투입해서 7명의 사망자
가 발생했다. 이때 존슨앤존슨은 신속하게 시중에 판매되고 있는
3,100만 병의 타이레놀을 전량 회수했다. 이런 일련의 조치로 회사
는 단기적으로 손해를 입었지만 고객을 우선한다는 기업의 명성을
더욱 공고히했다.

땅 밑에 흐르는 지하수는 단기간에 고이지 않는다. 장기간 땅속
이 다져지고 틈이 메워져 지하수가 고이게 된다. 스페인의 유명 건
축가 가우디(Antoni Gaudi)는 사그라다 파밀리아(Sagrada Familia) 성당
이 여러 세대가 지난 후에 완공될 것이라는 것을 알면서도 건축을
시작했다. 한니발도 로마로 진군하려고 오랜 세월 사전준비를 했
다. 세상을 이롭게 만들기 위한 기업의 사명을 완수하기 위해서는
오랜 기간 숙고하고 인내를 감수해야 한다. 기업의 숭고한 정신도
단기간에 형성되어 문화로 자리 잡지 않는다. 오랜 세월 역경을 헤
쳐나가는 과정에서 지하수가 고이듯 기업 깊숙이 자리 잡는다.

기업이 갖는 많은 가치들이 무관심으로 무의미하게 지나칠 때

가 많다. 기업은 다양한 분야에서 메마른 사회에 오아시스의 역할을 할 수 있어야 한다. 건조하고 메마른 대지에 지하수를 공급해줄 수 있는 것이 사회에 대한 기업의 사명이다. 기업 입장에서 사회에 대한 공헌은 봉사활동과 기부만이 아니다. 기업 스스로 제품과 서비스를 생산해내기 위해 배출하는 탄소와 오염원을 줄이는 노력도 사회공헌에 해당한다.

이스라엘에는 갈릴레아 호수와 사해(死海)가 있다. 갈릴레아 호수는 헤몰산에서 물을 받고 그 물을 사해로 흘려보내지만, 사해는 사방이 막혀 있어 물을 받기만 하고 밖으로 흘려보내지 못한다. 그 결과 갈릴레아 호수에는 물고기가 많지만 사해는 물고기가 살지 못하는 죽은 바다가 되었다. 마찬가지로 사회공헌이 없는 기업은 죽은 기업과 같다.

리더는 본업에 충실해야 하지만 기업이 추구하는 사회적 책임을 현업에서 실행하기 위해 노력해야 한다. 리더는 불가피한 경우라도 침착하고 겸손한 마음으로 앞을 보고, 동시에 기업의 사명이라는 뒤를 돌아봐야 한다. 리더는 일상 속에서 단편적인 성과보다는 진정성을 가지고 기다림을 통해 기업의 사회적 책임과 공헌에 참여해야 한다. 기업의 내면에는 겉으로 나타나는 것보다 훨씬 더 많은 숭고한 가치가 숨겨져 있다.

크게 생각할수록
크게 이룬다

성공 철학의 대가 나폴레온 힐(Napoleon Hill)은 《생각하라 그리고 부자가 되어라(Think and Grow Rich)》에서 "우리는 우리가 생각하는 대로 된다"고 하면서 "이 세상에서 가장 위대한 혁명은 마음가짐을 바꾸는 것이다"라고 했다. 사회를 이롭게 하는 생각은 인간과 조직을 발전시키는 최고의 원동력이다. 파타고니아(Patagonia)는 등산용품과 의류 등을 만드는 미국회사다. 창업주인 이본 쉬나드(Yvon Chouinard)는 《파타고니아, 파도가 칠 때는 서핑을》이라는 책을 통해 환경운동가들에게 큰 영향을 미쳤다. 그는 지구세(Earth Tax)를 도입해 매출액의 1%를 환경보존을 위한 기금으로 마련한 공로를 인정받아 2019년에 UN으로부터 특별상을 받았다. 최종현 전 SK회장은 '숲의 명예전당'에 헌정된 조림 분야의 영웅이다. 나무를 심는 것은 당대에 성과를 내기 어려운 구조지만 최종현 회장은 1972년 서해개발(현 SK임업)이라는 회사를 설립해 나무를 심어왔다. 나무를 심기 위해 사들인 면적은 여의도 면적의 16배에 달한다.

생각의 크기가 다른 사람은 차원을 달리하는 사람이다. 생각의 크기와 깊이가 삶의 높이이기 때문이다. 《장자》에 '혜자'라는 사람이 박씨를 마당에 심었는데 쌀이 5섬이나 들어갈 정도로 큰 박이 열렸다. 보통 박으로는 바가지를 만든다. 혜자는 박이 너무 커서 바가지를 만들 수가 없어서 박을 부숴버렸다. 장자가 이 소문을 듣고 혜자는 자신의 생각의 크기를 넘어서는 것을 다룰 줄 모른다고 나무랐다. 장자는 박이 크게 열렸으면 배를 만들면 되는데 혜자는 작은 생각을 가진 사람이라 바가지라는 정해진 기능만을 생각했다고 말했다. 창의적인 사람인지 여부는 인간의 본질이 상상력과 정해진 기능 사이에서 어느 것에 가까운가에 달려 있다.

생각할 줄 모르면 눈에 보이는 현상만을 가지고 판단하기 때문에 한계를 드러낸다. 하지만 신념, 의지는 눈에 보이지는 않지만 엄청난 잠재력을 지니고 있다. 조직의 성과는 리더의 생각의 크기와 비례한다. 리더가 그리는 캔버스에 구성원들이 채색한다. 질문은 미래를 여는 문과 같다. 리더는 좀더 세련된 방법으로 새로운 생각의 틀을 마련하고, 새로운 시각으로 문제를 직시해야 한다. 많은 문제점을 지닌 계획은 갇힌 방식을 토대로 계획되었기 때문에 성공하지 못한다. 실패는 리더가 생각할 줄 모르고 기존의 틀에 갇힌 방식을 고수하거나 자신만의 고집으로 목표를 이루려고 하는 데 있다.

로마의 위대한 철학자 세네카(Lucius Annaeus Seneca)는 자기가 가진 것이 부족하다고 생각하는 사람은 세상 전부를 가져도 불행할 것이라고 했다. 우리 사회에는 형편이 어려운데도 자신보다 더 어려운 사람을 생각하면서 기부하는 사람들이 있다. 몸이 부자연스러운 사람이 더 부자연스러운 사람을 위해 기꺼이 봉사하는 경우도 많다. 이들은 이미 부자다. 가진 것이 많지만 더 많은 것을 가지려고 발버둥치는 사람보다, 부족하지만 자신이 가진 것을 남을 위해 나눌 수 있는 마음을 가진 사람이 풍요로운 사람이다. 불만과 불평으로는 세상을 바꿀 수 없을 뿐만 아니라 나 자신도 변화되기 어렵다.

위대한 성과를 이룬 리더들을 보면 먼저 달성하고자 하는 목표를 세우고 거기에 맞는 행동을 했다. 우리가 꿈꾸는 목표, 조직이 이루고 싶은 목표를 설정하고 이미 목표를 이룬 것처럼 상상하고 그에 맞게 행동하는 것도 목표에 다가가는 데 영향을 미친다. 구체적인 목표를 정하고 목표를 향해 매일 가치 있는 일을 꾸준히 하는 것이 목표에 가장 확실하게 다가가는 방법이다.

리더십의 로맨스

리더십의 로맨스라는 것이 있다. 능력 있는 리더가 기용되었으니 기업의 실적이 상승하겠다는 기대 심리를 말한다. 여기서 능력 있는 리더에게 요구되는 상은 실력과 진정성을 겸비한 리더다. AI가 인간을 대체하는 시대가 다가오고 있다. 하지만 절대 따라 할 수 없는 한 가지가 있다고 한다. 바로 진정성이다. 우리는 진정성에 많이 공감한다. 잘못을 하더라도 진정성 있게 사과하면 받아들여질 가능성이 크다. 진정성은 상대의 말을 가볍게 듣지 않는 것을 말한다. 진정성은 리더가 한 말을 지키는 것이다. 구성원의 말에 경청하고 공감하는 것이 진정성이다. 리더가 한 말은 시간이 흐르더라도 반드시 지키는 것이 진정성이다. 말만 가지고 하는 리더십은 가벼운 사람을 만들어버린다.

요즘 리더십의 트렌드는 진정성 있는 리더십이다. 진정성 없이 이야기하는 것은 공허한 메아리가 되기 쉽다. 진정성 없이 하는 행동은 구성원의 공감을 불러오지 못한다. 구성원은 리더가 진정성을 가지고 하는 말인지 아닌지 금방 구분해낸다. 리더가 구성원의 신뢰를 얻기 위한 방법은 여러 가지가 있다. 예를 들면 솔선수범, 진정성, 자기희생, 공정성, 도덕성, 인간미 등이다. 이 중에서도 진정성은 가장 밑바탕이 된다. 글로벌 가구업체 이케아는 공급업체로 하여금 산림협의회에서 공인한 숲에서 가져온 목재만 사용하게 한다. 이를 위해 이케아는 숲 매니저까지 고용해서 환경을 생각한다는 기업의 진정성을 알리고 있다.

인간은 저마다 다른 DNA를 가지고 있지만 행복에 이르는 길은

따로 없다. 감사와 배려가 행복의 길로 가는 통로다. 칭찬은 감사를 표현하는 다른 방법이다. 프랑스에서 상류층에 속하는 남자들은 여성들의 복장이나 모자에 찬사를 보내도록 배운다. 러시아에서도 저녁식사를 즐기고 난 후 요리사를 불러 칭찬하는 관행이 있다.

칭찬은 그동안의 노고를 잊게 해주고 새로운 에너지를 불어넣는 역할을 한다. 칭찬은 인정과 동의어다. 놀이는 뇌를 활성화시키기 때문에 창의성과 혁신의 중요한 역할을 한다. 칭찬도 마찬가지로 뇌에 긍정적인 자극을 주어 업무에 몰입하게 하는 효과가 있다. 제3자를 통해 리더가 자기를 칭찬한다는 소리를 들었을 때는 구성원의 사기는 배가된다.

노자의 《도덕경》에는 "신뢰하지 않으면, 신뢰받지 못한다"라는 말이 있다. 리더는 구성원의 노력에 대해 인정해주어야 한다. 리더가 성장하고 인정받고 싶으면 먼저 구성원을 성장시키면 된다. 리더가 비판을 받지 않으려면 먼저 구성원을 비판하지 않아야 한다. 비판은 비판을 낳는다. 리더가 구성원을 비판하면 조직 전체에게 부정적인 에너지를 퍼뜨린다. 비판을 받은 구성원뿐만 아니라 다른 구성원들도 비판을 받지 않기 위해 안전한 길만 간다. 안전한 길이란 이전에 관습적으로 해왔던 일로 비판을 받지 않았던 일들이다.

리더는 구성원에게 피드백을 하는 과정에서 구성원의 노력과 헌신에 대한 감사와 칭찬이 전제되어야 한다. 또한 구성원의 발전을 위해 적절한 충고도 함께 가져가면 좋다. 리더의 피드백은 구성원의 발전을 위한 것이지 리더의 권위를 내세우기 위한 것이 아니어야 한다. 피드백은 리더와 구성원 간에 양방향으로 소통하는 것이다. 리더는 구성원에게 '어떤 목표에 도달하고 싶은지'를 물어보고 구성원의 목표를 이해하고 지지와 격려를 보내야 한다. 리더가 임무를 수행할 때 구성원에게 하는 말 한마디만 들어봐도 이기적인 리더인지, 이타적인 리더인지 가늠된다.

PART

5

리더
연습

리허설을
습관화하라

  미국 프로농구에서 경기 상황에 따른 자유투의 성공률을 분석했다. 상대와의 점수차가 1점일 때 자유투 성공률은 평균에 훨씬 못 미쳤다. 선수들은 쫓기는 상황에서는 자신의 평소 실력을 발휘하지 못했다. 시간적으로 쫓기는 프로젝트는 제대로 성과를 낼 수 없다. 심리적 여유가 없기 때문에 악수를 두거나 실수를 하는 경우가 허다하다.

  건설프로젝트는 예정된 공사비와 공사기간을 준수하기 위해 많은 리허설을 한다. 시공 이전단계, 즉 설계단계에서는 설계도면의 완성도를 높이기 위해 원가, 공기, 품질, 안전 측면에서 설계의 진척도에 따라 수없이 검토하고 개선작업을 한다. 이를 '프리콘'이라고 한다. 프리콘은 건설프로젝트의 승패를 좌우할 정도로 반드시 거쳐야 할 핵심요소다. 건설프로젝트가 실패하는 이유 중 하나는 공사 전에 리허설이라고 일컫는 프리콘을 소홀히 했기 때문이다. 공정표는 건설프로젝트에서는 매우 중요하다. 작업의 선후 관계, 후속 작업을 위해서 언제 선행 작업을 마쳐야 하는지를 알게 해준다. 공정표가 없다면 수많은 작업이 이루어지는 건설현장에서 작업이 꼬이게 되어 제대로 공사를 할 수 없다. 공정이 제대로 지켜지지 않으면 수많은 작업자가 대기하거나 아예 다른 현장으로 빠져나간다. 마찬가지로 리더가 맡은 프로젝트를 제때 완성하려면 스케줄을 짜야 하고 이를 계속 체크해나가야 한다. 예정대로 업무가 진행되면 다행이지만 그렇지 않은 경우가 많다. 예상치 못한 복병을 만나는 경우도 있고 예정된 업무가 당초 생각보다 지연되는 경우도 많다. 그래서 리더는 업무를 시작할 때 시뮬레이션을 충분히 한 후 시작해야 한다. 모든 프로젝트는 불확실성이 크다. 건설프로젝트를 예를 들면 시멘트, 철근 등 주요 자재 파동, 노사문제, 기후조건 등으로 내외부적인 환경에 영향을 받는다. 그래서 공정표는 프로젝트 상황을 반영해 지속적으로 시뮬레이션되어 관리된다.

리더는 회의 자료 준비를 잘하는 것도 중요하지만 회의 때 리더가 얼마나 전달하고자 하는 내용을 효과적으로 전달할 수 있느냐가 관건이다. 군더더기 없는 자료와 요점 위주로 발표하기 위해서는 회의 전에 리허설을 가져야 한다. 리허설을 하고 발표한 회의와 그렇지 못한 회의는 확연히 차이가 난다. 리허설 없이 발표했다면 횡설수설한 경우가 많다. 제대로 발표했는지는 누구보다 발표자 자신이 잘 안다. 회의 전 동일한 장소에서 구성원 앞에서 발표할 내용을 리허설할 때 구성원의 피드백을 받는 것도 중요하다. 일 잘하는 리더는 단순히 업무를 잘 처리하는 것처럼 보이지만 사전에 충분히 리허설을 통해 예상되는 문제점을 점검하고 이를 해결할 수 있도록 여러 차례 시뮬레이션을 한다. 일 잘하는 리더는 원하는 결과를 도출하기 위해 끊임없이 생각하고 고민하는 것이 일상화되어 있어야 한다.

아리스토텔레스(Aristoteles)는 '사람은 반복적으로 행하는 것에 따라 판명되는 존재'라고 했다. 따라서 습관은 위대한 성과를 만들어 내는 모든 사람들의 필수품이다. 프로젝트의 성공 여부는 준비를 얼마나 철저히 했느냐에 달려 있다. 운동선수가 시합 전 훈련을 할 때도 훈련은 시합처럼 시합은 훈련처럼 한다는 표현을 많이 한다. 각종 회의, 경기, 이벤트도 마찬가지다. 준비 없이 일을 진행하면 실수가 뒤따른다. 생각지도 않은 데서 예상도 하지 못한 문제가 발생한다. 사전에 철저한 점검과정을 거치고 프로젝트를 진행했는지 그렇지 않고 시간을 절약하기 위해 대충 준비했는지는 프로젝트의 결과를 보면 여실히 드러난다.

하루의 행동을 돌이켜 보기 전에는 잠들지 말라

피타고라스(Pythagoras)의 금언집에 나오는 충고를 보면 "하루의 행동을 돌이켜 보기 전에는 잠들지 말라"고 했다. 미국 건국의 아버지 중 한 사람이자 조지 워싱턴(George Washington)과 함께 미국 헌법의 초안을 작성한 벤자민 프랭클린은 매일 잠들기 전 자신의 실수를 반성하는 시간을 가졌다. 그는 매일 13가지의 덕목을 점검해 묵은 습관부터 하나씩 고쳐나갔다. 이 반성을 통해 같은 실수를 반복하지 않겠다는 다짐을 했다.

리더로서 성공하기 위해 중요한 것은 자기 인식이다. 매일 자신을 돌아보는 것은 자기인식을 더 확고히 하기 위해서다. 벤자민 프랭클린은 매일 자신을 돌아봄으로써 끊임없이 재창조된 자기 자신을 바라볼 수 있었다. 리더가 주변의 성공과 칭찬에 매몰되다 보면 매일 점검하는 것이 소홀해질 수 있다. 인생의 적은 실패나 좌절보다 성공과 칭찬의 탈을 쓴 달콤한 유혹에 있다. 리더는 높은 목표를 세우고 매일 점검해야 한다. 리더가 매일 점검할 때는 간접적으로 듣는 정보보다 직접적인 정보를 활용해야 한다. 대부분 상급자에게 제공되는 정보는 듣기 좋은 정보만 걸러서 보고되는 경향이 많기 때문이다.

리더는 하루 업무를 마칠 무렵 내일의 업무계획을 미리 세우는 것이 좋다. 하루 업무를 마무리할 시간이면 그날 업무에 대한 일일 결산이 가능하다. 계획보다 미흡한 업무도 있고 어떤 업무는 사정이 생겨 손도 대지 못한 업무도 있다. 리더는 일기를 쓰듯이 일일 업무일지를 작성해 매일 점검하는 것이 좋다. 그리고 조직원과 업무 공유를 매일 반복하다 보면 소통에도 도움이 되고 각자 생각한 업무에 대한 갭도 줄어든다.

리더는 매일 점검하는 회의 외에도 자신을 돌아볼 수 있는 별도의 시간을 가져야 한다. 조직장은 구성원과의 상호교류 속에서 하루를 보낸다. 쓸데없는 말로 다른 사람의 기분을 상하게 하지는 않았는지, 사소한 일로 평정심을 잃지는 않았는지, 시간을 허비하지는 않았는지, 다른 사람을 기만하지 않았는지, 매일 끊임없이 자신을 돌아봐야 한다.

리더는 마에스트로다

마에스트로(Maestro)는 어떤 분야에서 실력이 뛰어난 사람을 지칭한다. 일반적으로 교향악단을 지휘하는 지휘자를 마에스트로라고 일컫는다. 지휘자는 여러 연주자들이 하모니를 이룰 수 있도록 지휘한다. 리더도 마찬가지다. 리더는 프로젝트를 실행하는 과정에서 관련된 구성원, 조직 등 많은 참여자를 조정하고 조율해서 프로젝트의 성공을 이끈다.

프로젝트는 시작과 끝이 존재한다. 그리고 정해진 마감시간이 있다. 프로젝트에서 제일 중요한 것이 시간 관리다. 건설프로젝트도 건축주와 시공사가 계약한 계약서에는 공사금액과 준공일이 명기되어 있다. 만약 시공사가 준공일을 지키지 못하면 지체상금이라는 패널티를 물게 되어 있다. 건설프로젝트는 건설공사를 시작하기 전에 마스터 공정표를 작성한다. 마스터 공정표에는 반드시 지켜야 되는 주요 일정이 표기된다. 예를 들면 토목공사 완료 일정, 골조공사 완료 일정, 주요 마감공사 일정 등 준공을 맞추기 위한 주요 일정을 정해둔다. 이 완료 일정이 잘 지켜지지 않으면 나중에는 공사기간이 모자라 돌관공사를 한다. 돌관공사는 품질 저하는 물론 야간공사까지 해야 하므로 공사비도 더 들어갈 뿐만 아니라 안전사고 위험까지 감수해야 한다. 마스터 공정표는 월간 공정표, 주간 공정표로 세분화되어 관리된다.

리더는 맡은 프로젝트를 계획할 때 일정과 소요예산을 수립한다. 프로젝트를 시작하기 전에 일정은 마일스톤 위주로 표기하고 검토할 시간을 확보해야 한다. 그리고 구성원에게 업무를 할당한다. 업무를 할당한다고 해서 리더는 손을 놓아서는 안된다. 위임과 방임은 차이가 있다. 위임은 중간중간 업무가 제대로 가고 있는지 확인하는 절차가 반드시 필요하다. 리더와 구성원이 생각하는 것이 처음에는 미세하게 차이날 수 있지만 시간이 지남에 따라 미세한 각도는 점점 벌어져 다시 정상적인 궤도에 진입하는 데 어려움을 겪을 수 있다.

리더는 프로젝트를 착수하기 전에 전체를 관망하고 큰 그림을 먼저 그리는 것이 필요하다. 머릿속에서 시작과 끝에 이르는 과정을 여러 번 리허설을 해보는 것이다. 그러면 예상되는 문제점을 짚어낼 수가 있다. 머리속에서 리허설을 여러 번 할수록 오차범위는 점점 좁혀진다. 리허설은 꼭 책상에 앉아서 할 필요는 없다. 출퇴근 시간을 활용해도 되고 화장실을 오가면서 해도 상관없다. 머릿속에서 프로젝트가 어떻게 진행되는지 선명하게 그려지면 된다.

건설프로젝트는 시공과정에서 여러 가지 위험에 노출되기 때문에 위험성 평가를 철저히 한다. 위험성 평가란 어떤 작업을 할 때 예상되는 위험이다. 먼저 위험을 찾아내고 어떻게 안전하게 작업할 수 있는지를 체크한다. 일반 프로젝트도 마찬가지다. 프로젝트를 하기 전에 충분한 사전검토를 실시해야 한다. 어디에 일정을 지연시키는 요소가 숨어 있는지, 예산을 벗어날 위험이 있는지를 검토해야 한다. 타 부서와 업무협조가 필요한 경우는 타 부서와 사전에 충분히 상의하는 것이 좋다. 타 부서도 여러 업무를 진행 중이기 때문에 우리 일정에 맞추기 어려울 수 있다. 프로젝트 중간에 경영진의 의사결정을 받는 일정도 감안해서 전체 일정을 잡아야 한다. 건설프로젝트가 지체되는 주요 원인 중의 하나는 마감자재나 시스템 등 경영자의 의사결정을 미리 감안하지 않았기 때문이다.

리더가 추진하는 프로젝트 중에는 똑같은 프로젝트는 없다. 리더가 프로젝트를 진행할 때 너무 많은 일을 벌리면 수습하기 힘들고 수박 겉 핥기식으로 깊이가 없을 수 있다. 프로젝트는 전, 중, 후로 관리해야 한다. 프로젝트 이전에는 관련 정보를 수집하고 위험을 예측하고 이를 토대로 일정과 예산을 수립해야 한다. 프로젝트가 진행 중일 때 리더는 정상적으로 진행되는지 수시로 체크해야 한다. 특히 주요 공정에 있는 일이 어긋나면 전체 일정에 영향을 주기 때문에 모니터링 주기를 세워 체크해야 한다. 프로젝트가 끝난 후에는 복귀를 해 보는 것이 유익하다. 대부분 프로젝트가 끝나면 잊혀진다. 하지만 이번 프로젝트에서 실수한 것은 유사 프로젝트에서도 반복하기 쉽다. 프로젝트가 끝나면 완료보고서를 작성해서 기록으로 남겨 놓으면 차기 프로젝트에서 활용할 수 있어 좋다. 완료보고서에는 당초 프로젝트의 목적을 달성했는지, 일정과 예산은 계획한 것과 어떤 차이가 있었는지, 사전에 예상 못한 돌발변수는 어떤 것이 있었는지를 기록해놓아야 한다.

리더의 업무는 프로젝트의 연속이라고 해도 과언이 아니다. 리더는 크고 작은 프로젝트를 비롯해 유사성 면에서 맡고 있는 조직과 거리가 먼 프로젝트를 맡을 때도 있다. 중요한 것은 작은 프로젝트라도 성공하면 자신감이 붙어 다음 프로젝트에도 성공할 확률이 높다. 리더는 작은 프로젝트라고 해서 방심하며 안 된다. 적은 항상 방심하는 자의 뒤에서 노리고 있기 때문이다.

가속페달을 계속 밟으면 엔진이 과열된다

리더는 항상 시간이 모자란다. 윗자리로 올라가면서 발생하는 공통적인 현상이다. 사장의 캘린더를 보면 일주일 내내 미팅으로 가득 차 있어 본 업무에 집중하기 힘들다. 집중도가 높은 시간에 업무에 집중하려면 구성원들이 업무를 들고 와서 의사결정을 요구한다. 이것저것 챙기다 보면 계획한 일의 맥이 끊어진다. 몇 차례 회의를 진행하다 보면 에너지가 고갈된다. 에너지가 고갈된 상태에서는 새로운 아이디어가 나오지 않는다.

여러 가지 업무 중에 우선순위의 업무는 별도 마킹을 해 관리한다. 오늘 반드시 해야 할 'To Do List'를 작성해 우선순위를 둔다. 집중도를 높이는 시간이 사람에 따라 다르지만 일반적으로 복잡한 업무로 머리가 혼란해지기 전인 오전에 집중도를 필요로 하는 업무를 수행하는 것이 좋다. To Do List는 가능하면 오전에 해야 한다. 오후에는 집중도가 오전보다 떨어지기 때문에 관리적인 업무에 할당하면 시간을 효과적으로 활용할 수 있다.

리더는 하루의 일정 시간을 할애해 생각하는 시간으로 업무의 여백을 만들어야 한다. 하루 일과 중에도 일과 휴식이 필요하다. 군인이 장거리 행군을 하려면 50분 걷고 10분 휴식을 취해야 한다. 자동차도 가속페달을 계속 밟고 있으면 엔진이 과열된다. 자동차 기어가 수동이든 자동이든 중간에 기어를 바꾸어 주어야 엔진과열을 방지할 수 있다. 리더도 휴식 없이 머리만 계속 쓰고 있으면 과열된다. 적정한 휴식은 업무에도 도움이 된다. 리더는 나름대로 안정된 시간을 확보해 멀리, 크게 보는 습관을 가질 필요가 있다. 시간의 축을 길게 늘려 조직이 어디를 향해 가고 있는지, 왜 이 일을 하는지를 자문해볼 필요가 있다.

아침에는 생기가 있고 에너지가 충전된 상태이고 꽉 찬 하루가 앞에 놓여 있다. 그래서 하루의 계획을 세우기에 좋다. 업무를 마칠 무렵에는 오늘에 대한 성찰로 마무리한다. 이러한 습관은 하루를 의미 있게 보내게 한다.

리더는 업무가 차고 넘치기 때문에 시간을 얼마나 효율적으로 관리하느냐에 따라 연말에 성과가 다르게 나타난다. 업무의 우선순위를 미리 정해놓지 않으면 시간이 촉박해 중요한 업무를 대충 넘길 수 있다. 대충 넘어간 업무는 대가를 치르게 되어 있다. 이런 일을 방지하려면 시간관리가 매우 중요하다. 농부가 봄에 씨를 뿌렸다고 농사가 저절로 잘되지 않는다. 가뭄이 길어지면 물도 줘야 하고 약도 치고, 비가 많이 오면 미리 배수로도 정비해야 한다. 리더는 해야 할 일이 산더미 같지만 어떻게 시간을 관리하느냐에 따라 가을에 거둘 소출이 달라진다.

반드시 된다는
확신 그리고 자신감

현대그룹의 창업주 정주영 회장은 일을 시작할 때는 반드시 된다는 확신 90%와 되게 할 수 있다는 자신감 10%로 채운다고 했다. 상대와 시합을 할 때도 시합 전에 상대가 나보다 강할 것이라는 생각이 들면 시합은 하나마나다. 축구에서도 강적을 만나 제대로 실력을 발휘하지 못하는 것을 보면 화가 난다. 상대가 강하기 때문에 볼을 뺏길 것이라 생각하고 드리블을 시도조차 하지 않는 것처럼 보인다. 반면에 축구의 강적들이 종종 약체 팀에게 패하는 것을 볼 수 있다. 상대를 얕잡아 보고 최선을 다하지 않았기 때문에 그렇다.

천직은 우연히 만나는 것이 아니라 마음먹기에 달려 있다. 내가 집중하면 집중하수록 천직에 다가간다. 리더는 1년에 하나쯤 마음먹은 과제를 추진해볼 필요가 있다. 마음먹은 과업이 크든 작든, 남이 알아주는 과업이든 알아주지 않는 과업이든 상관없다. '마음먹은 것은 할 수 있다'라는 자신감과 성취의 기쁨을 맛보는 것도 자기발전에 도움이 된다.

리더에게 주어진 과업 중에서 쉬운 것은 없다. 늘 하던 과업만 단순 반복하면 리더에게도 조직에게도 발전이 없다. 이제까지 하지 않았던 과업, 힘든 과업에 도전해볼 필요가 있다. 힘든 과업이라도 마음먹고 달려들면 힘들 것이라고 생각했던 것이 선입관이었음을 알 수 있다.

창업에 성공한 창업주도, 발명가의 위대한 발명품도 포기하지 않고 끝까지 했기 때문에 가능했다. 구체적인 계획보다도 마음이 먼저다. 마음이 움츠러들면 기회가 틈을 뚫고 나올 수 없다. 마음먹기에 따라 계획은 자연스럽게 구체화된다. 세상 이치는 마음먹기에 달렸다고 한다. '사즉필생(死卽必生)'이라는 말이 있다. 죽기를 각

오하고 싸우면 살 수 있다는 뜻인데, 결국 마음먹기에 달려 있다는 것이다. 아무리 바쁜 업무에서도 리더가 마음먹기에 따라 과업을 완수할 수 있다. 일단 마음을 먹으면 모든 에너지가 여기에 집중된다. 다른 업무보다도 우선순위에서 처리된다. 시간을 쪼개서라도 마음먹은 과업은 진행된다. 독하게 마음먹으면 독한 대로 주변의 장애물을 극복해나간다. 영국의 문인인 벤자민 디즈레일리(Benjamin Disraeli)는 "성취의 비결은 목적이 변하지 않는 것에 있다"고 했다. 마음을 먹으면 목적이 변하지 않는다. 하는 방법은 달라질 수 있어도 마음먹은 것은 끝까지 해낸다. 중간에 포기하는 것은 마음을 내주었기 때문이다. 포기하지 않는 마음, 어떤 일이 있더라도 해낼 수 있다는 마음이면 안 되는 것은 별로 없다.

리더의 역할은
'안테암불로'

'안테암불로(Anteambulo)'는 리더로서, 멘토로서 후배들의 길을 터주는 후원자 역할을 뜻하는 말이다. 즉, 리더가 해야 할 역할이다. 리더십이 실패하는 원인은 구성원의 성장에 무관심한 탓이 크다.

구성원의 성장은 곧 리더의 성장이다. 제자리에 머무는 것은 도태하는 것이나 다름없다. 현금을 가만히 가지고 있는 것만으로는 가치가 떨어진다. 최소한 물가 상승률만큼이라도 불려야 제자리 걸음인 것이다.

구성원들은 자기계발에 대한 욕구가 강하다. 직장생활을 하지만 자기계발에 대한 투자는 아끼지 않는다. 평생직장의 개념이 옅어지면서 언제라도 좋은 조건이 주어지면 이직을 생각한다. 뿐만 아니라 조직에서 성장하기 위해서도 자기계발이 필요하다. 리더 자신도 정도의 차이가 있겠지만 성장에 대한 욕구를 가지고 있다. 리더도 구성원과 함께 성장해야 한다. 리더가 추진하는 일에 공감을 받으려면 구성원의 자기계발에 적극 협조하는 자세를 가져야 한다. 구성원의 직무와 관련된 외부교육, 전시회 등이 있으면 추천해주고 시간을 할애해주는 배려가 필요하다. 리더가 구성원이 성장하는 데 장애물을 없애주려고 노력하는 모습만으로도 구성원에게 공감을 받을 것이다.

창의적 업무는 특히 주니어로 일컬어지는 구성원들로부터 나올 확률이 높다. 기존 업무의 틀에 매여 있는 조직장이나 시니어 구성원들은 생각의 프레임을 깨기 쉽지 않다. 신입 구성원이 업무에 대한 경력이 짧다고 해 의견을 경시하면 창의적인 업무성과가 나오기 어렵다. 그들의 의견을 경청하고 소중히 여겨야 한다. 조직장이라고 시니어 구성원만 상대하는 것이 아니라 신입 구성원과 소통하는 자리를 많이 만들어야 한다. 그들이 묵은 것을 드러내고 새것을 조직에 담을 수 있도록 귀를 기울여야 한다.

리더는 구성원의 자발적 협조를 얻는 것이 중요하다. 탑다운 리더십을 가진 리더 아래에서 구성원의 자발적 협조를 기대할 수 없다. 이런 리더 밑에서 구성원은 수동적인 협조를 강요당한다. 리더는 구성원이 자발적으로 따르게 하는 스킬을 가지고 있어야 한다. 그러려면 구성원은 당연히 리더를 따라야 한다는 막연한 기대와 기대에서 비롯된 일방적인 강요를 해서는 안 된다. 리더는 구성원을 이끌지 말고 솔선수범하는 자세로 따라오게 해야 한다. 그러기 위해서는 디로딩(Deloading)을 해야 한다. 디로딩은 내려놓는 것이다. 뒤로 물러나서(Back-off), 구성원의 부담을 덜어주고 든든한 후원자 역할을 적극적으로 하는 것이다.

공짜 점심은
없다

미국 필라델피아의 한 백화점 직원이었던 페리는 어느 날 소나기를 피하기 위해 이 백화점 안으로 들어온 노파에게 우산을 빌려주고 친절을 베풀었다. 이것이 인연이 되어 페리는 백화점 최고경영자의 사업파트너가 되었고, 이후에는 철강왕 카네기(Andrew Carnegie)의 오른팔이 되어 철강업계에서 2인자로 올라섰다. 그 노파는 카네기의 모친이었다.

도움을 받으려면 먼저 도와주어야 한다. 먼저 도와주기 어려운 경우라면 상대가 도움을 청해왔을 때 그 청을 뿌리치지 말고 성심껏 도와주는 자세가 필요하다. 상대 조직에게 협조를 요청했을 때 요청한 당사자는 상대가 자신의 요청을 들어주기 귀찮아 핑계를 대는 것인지 아니면 들어주려고 하지만 여건이 어려워서 못 들어주는 것인지 금세 파악한다.

조직에서 리더를 하다 보면 말하기 쉬운 상대가 있는 반면, 다가가기 어려운 상대가 있다. 말하기 쉬운 상대는 나의 입장을 잘 이해하고 설령 요구사항을 못 들어주더라도 도움을 주려는 자세를 가진 사람이다. 이와 반대로 다가가기 어려운 상대는 상대의 입장이 나와 무슨 상관이 있느냐는 태도를 가진 사람이다. 이런 사람은 공식적인 업무가 아니라면 협조나 협력이라는 말을 꺼내기가 어렵다. 이전의 경험으로 말을 해봤자 어떻게 나올지 뻔히 예상되기 때문이다. 상대가 대하는 대로 똑같이 대하기 마련이다. 상대가 협조적으로 나오면 협력관계가 되지만 그렇지 않으면 협력은 기대하기 어렵다. 조직은 스스로 자생하기 어렵다. 우리 조직이 다른 조직에 협조를 구할 경우도 있고 그 반대인 경우도 있다. '공짜 점심은 없다'라는 말이 있듯이 상대에게 도움을 주면 상대는 언젠가 보답한다.

리더가 시간적으로 쫓기고 있을 때는 협상력이 약화될 수 있다. 프로농구 선수들도 점수 차이가 많이 날 때보다 점수 차이가 없을 때 자유투 성공률이 낮다고 한다. 당장 거절하기 어려운 부탁이 들어오면 그 자리에서 거절하기보다 시간을 갖고 생각해보면 좋다. 며칠 시간이 지나다 보면 자연스레 해결의 실마리기가 풀리는 경우도 있고, 상황이 바뀌는 경우도 있다. 친한 구성원이라면 사정을 알고 지원 방법을 찾지만 거래처와의 관계라든지 외부 거래에서 성급하게 결정하다 보면 후회하거나 손해볼 수 있다. 들어주기 어려운 부탁은 먼저 법적으로 가능한지 여부를 따져보고 위법의 소지가 있으면 법을 이유로 들어 정중히 거절하면 된다. 협상할 때 상대의 말을 경청하면 좋은 발단이 될 수 있다. 경청은 협상 대상으로 하여금 자신이 대단히 중요한 사람으로 느껴지게끔 한다.

리더의
품위

뒷담화를
하지 마라

유대인 경전인 미드라쉬(Midrash)에는 "험담은 말하는 사람, 듣는 사람, 당사자 모두를 죽인다"라고 기록되어 있다. 먼저 뒷담화는 자신에게 해악이 된다. 뒷담화는 처음에 속이 풀리는 듯한 달콤한 유혹에 넘어가 시작하게 되지만 결국에는 마음의 평정을 흐트리는 역할을 한다. 상대에 대한 분노, 원망, 허물을 캐낼 때 뱀의 혀가 되기도 한다. 뒷담화를 할 때가 그렇다. 미움의 화살을 쏟아내는 뒷담화는 나에게도 상대에게도 결코 도움이 되지 않는다. 남의 이야기는 쉽게 한다. 남의 이야기를 하다 보면 어느 정도 스트레스가 해결되는 기분이 들기도 하지만 스트레스를 완전히 해소해주지는 못한다. 오히려 남에 대해 불만과 불평을 많이 토로하다 보면 점점 횟수가 늘어나고 대상도 많아진다. 결국 뒷담화에 무감각해지고 습관으로 자리 잡는다. 이런 뒷담화는 직장생활은 물론 자신에게도 도움을 주지 못한다.

필자도 마음대로 잘되지 않을 때는 미움과 분노가 몰려오기도 한다. 불평과 불만은 가만히 따져 보면 내 마음속에서 움터 나온다. 남이 나를 공격했을 때 대응을 잘못한 경우에 더욱 그렇다. 보복 심리가 내면으로부터 작용하는 것이다. 이런 마음은 상대와 대화하는 중에 떠오르기도 하고, 어떤 때는 아무 생각도 안 했는데 불쑥 나타나기도 한다. 불만이 떠오르면 초기에 진압하는 것이 마음 건강에 도움이 된다. 미운 마음을 초기에 진압하기 위해서는 불만과 불평에 이름을 붙여주는 것이 좋다. '이런 종류의 불만이 생겼구나', '이런 불평이 도사리고 있구나' 하고 이름을 붙여주면 불평과 불만은 사그러든다. 운전할 때도 방어운전을 하면 사고예방에 큰 도움이 된다. 마음도 마찬가지다. 미리 이런 종류의 보복심리가 나에게 도사리고 있다는 것을 자각하고 마음에 준비를 하는 것이다.

나도 남의 뒷담화 대상이 될지도 모른다. 이상하게 일이 꼬이면 자신의 의도와 상관없이 상대의 심기를 건드리는 말을 하게 된다. 이런 말을 들은 상대가 직급이 낮은 구성원이라면 겉으로 표현은 못하지만 마음에 상처로 남는다. 리더는 금방 잊어버리지만 구성원에게는 오랫동안 기억에 남는다. 남을 판단하기는 쉽지만 나를 돌아보는 것은 쉽지 않다. 입장을 바꾸어서 보면 나에게 상처를 준 사람, 그 사람 입장에서 그런 생각과 말을 할 수 있겠구나 하고 생각할 수 있다. 직장생활을 하다 보면 이런저런 불만과 불평을 주위로부터 많이 듣는다. 들어보면 일리 있는 이야기도 많다. 동일한 인물이라도 어떤 때는 도움이 되기도 하고, 어떤 때는 미움의 대상이 되기도 한다. 어제의 적이 오늘의 아군이 되기도 하고 그 반대가 되기도 한다.

주변에는 묵묵하게 자기 일을 하는 사람들이 있다. 이런 사람일수록 남의 뒷담화를 잘하지 않는다. 뒷담화를 삼가기 위해서는 건강한 마음을 갖고 있어야 한다. 건강한 마음은 평정심을 유지할 때, 몸의 컨디션이 정상일 때 유지된다. 일에 쫓기거나 마음에 여유가 없을 때는 남에게 쉽게 상처를 주기도 하고 받기도 한다. 마치 서두를 때 자동차 사고가 일어나기 쉬운 것과 마찬가지다.

리더가 마음을 어떻게 먹느냐에 따라 불만은 눈처럼 녹기도 하고 얼음처럼 딱딱해지기도 한다. 구성원 중에 미운 마음이 드는 사람이 있으면 그 사람에 대해 그동안 감사했던 일을 하나라도 떠올려보면 미운 마음이 잦아든다. 리더가 감사한 태도로 마음을 바꾸면 구성원에 대한 불만이 사그라든다. 리더가 뒷담화를 하지 않으면 구성원도 뒷담화를 조심하게 된다. 뒷담화는 조직의 활력을 떨어뜨릴 뿐만 아니라 협력과 생산성을 낮추는 원인이 된다.

완벽에 대한
집착 버리기

완벽은 한 발 한 발 완벽을 향해 나아가는 것이지 실수를 인정하지 않는 것이 아니다. 완벽보다는 실수를 받아들이고 인정하는 것이 우선이다. 완벽을 추구하다 보면 전체보다 부분에 집착하는 경우가 잦다. 부분에 집착하게 되면 큰 그림을 보지 못하고 얽매여 앞으로 나아가지 못하게 된다. 전체를 보고 일을 진행해야 하지만 작은 부분에 몰입하다 보면 숲을 보지 못하고, 기회를 놓치거나 잃을 수 있다.

리더가 새로운 조직을 맡게 되면 완벽에 대한 집착을 가지게 된다. 그래서 시간이 쫓기고 마음이 불안해 구성원에게 사소한 일로 화를 내는 일이 종종 있다. 리더는 실무자 시절부터 맡은 일에 빈틈없이 해내려고 노력했을 것이다. 완벽 그 자체는 나쁜 것이 아니다. 당연히 리더는 맡은 업무의 완벽성을 추구해야 한다. 하지만 구성원에게 너무 완벽만을 요구하다 보면 부작용이 나타난다. 리더는 외유내강해야 한다. 자신에 대해서는 엄격하고 완벽을 추구하되 구성원에 대해서는 완벽보다는 관용과 유연성을 보여주어야 한다. 리더는 구성원의 부족한 부분을 받아들이고 이해하는 자세부터 갖춰야 한다.

리더는 전체 일정을 보고 세부 일정은 '마일스톤(Milestone)'으로 관리해야 한다. 마일스톤은 업무의 맥을 잇는 중요한 포인트다. 핵심 일정이 잘 지켜져야 프로젝트를 정해진 일정에 마무리할 수 있다. 어느 부분에서 너무 시간을 지체하면 일정을 맞추느라 허비된 시간을 만회하려고 일의 속도를 높이게 된다. 적정한 일의 속도를 높이려면 자원이 더 투입되어야 한다. 인력과 시간이 자원이다. 그런데 대부분 주어진 자원으로 일을 마쳐야 하기 때문에 적정한 자원을 확보하지 못하고 돌관작업을 하게 된다. 건설공사도 종종 앞부분에서 놓친 일정을 만회하려 준공시점에 돌관작업을 하는 경우가 있다. 돌관작업은 초과작업으로 원가투입이 늘어난다. 또한 작업자의 피로도가 높아 품질은 저하되고 안전사고 위험까지 따른다. 리더는 업무별로 사전에 충분히 시뮬레이션을 해 사이클을 돌려보고 부족한 일정과 자원은 어떤 식으로 보완할지 미리 구상해 놓아야 한다.

리더의 유연성은 구성원을 대하는 태도에서 나타난다. 리더의 유연성은 구성원이 놓친 맥락이나 부족한 부분을 짚어주고 다시 생각할 기회를 주는 것이다. 리더가 완벽을 추구하다 보면 초조해지고 걱정을 많이 하게 된다. 걱정이 앞서고 초초하면 창의력이 떨어지고 무리하게 일을 추진하려는 경향이 생긴다. 완벽에 집착하다 보면 일과 휴식을 구분하지 못하는 현상까지 발생한다. 일을 집에까지 가져오고 하루 종일 휴식도 없이 업무에 대한 강박감에 눌려 있다. 리더는 무엇보다 심리적인 안정과 평정의 상태를 유지해야 한다. 초조와 불안은 심신을 병들게 한다. 이를 위해서는 적정한 휴식과 일과의 단절이 필요하다. 일의 매듭을 짓는 것이 중요하지만 리더가 혼자 하는 일이 아니기 때문에 매듭이 잘 묶이지 않는 경우가 발생한다. 리더는 실패를 복귀하고 원인을 찾아내어 새로운 업무에 적용함으로써 완벽에 한 발 다가서야 한다. 완벽은 업무에 대한 자세이자 다시 도전하는 마인드다.

내로남불
버리기

리더의 내면에는 자신도 모르는 어떤 고정관념이 자리하고 있다. 이런 고정관념은 직장생활을 오래할수록, 리더를 오래할수록, 직위가 올라갈수록 더 깊숙이 자리하고 있는 경우가 많다. 고정관념은 상대방을 이해하는 데 장애물이 된다. 리더가 '꼰대'라는 말을 듣는 것도 구성원의 입장을 고려하지 않고 자기가 살아온 환경에 무게 중심을 놓기 때문이다. 하지만 리더가 스스로 고정관념에 사로잡혀 있을 수 있다고 인식하는 것만으로도 고정관념을 탈피하는 데 큰 도움이 된다.

리더는 애써 구성원의 말을 잘 수용하고 있는 것으로 생각했는데 구성원으로부터 피드백을 받고 당황하기도 한다. 구성원의 평가를 받아보면 독단적으로 업무를 처리한다든가 구성원의 말을 잘 수용하지 않고 자기 말만 고집하는 경우가 있다는 피드백을 받기도 한다. 이런 이유는 리더가 자기도 모르는 사이에 고정관념에 사로잡혀 있기 때문이다. '고정관념(固定觀念)'의 의미는 '잘 변하지 아니하는, 행동을 주로 결정하는 확고한 의식이나 관념'이다.

조직의 상부로 올라갈수록 '답정너' 스타일이 되기 쉽다. 이 말은 '답은 이미 정해져 있으니까 너는 내가 원하는 방향으로 따라와' 혹은 '내가 듣고 싶은 말로 내 의견에 동의해'라는 뜻이다. 리더가 되면 자기의 방어기제가 더 강하게 발휘된다. 리더가 되면 주위에게 좋은 모습으로 보이고 싶고 힘을 가진 사람으로 보이고 싶은 마음이 생긴다. 그래서 자기를 비판하거나 자기를 잘 따르지 않는 사람에게 저항 에너지가 생기게 된다. 이런 증상의 골이 깊어지면 구성원과 점점 멀어지게 된다.

리더 입장에서 쉽고도 어려운 것이 구성원 입장에서 생각하는 것이다. 리더가 구성원의 입장을 이야기하고 있다고 하는데 잘 들어보면 구성원의 입장이 아니라 자신의 생각만을 말하는 경우도 있다. 세상에서 가장 모르는 사람이 자기 자신일 수 있다. 자기를 안다는 것은 쉽지 않은 과제다. 그렇기 때문에 리더는 내가 틀릴 수 있다는 전제를 가지고 접근해야 한다. 리더는 일반적으로 자기가 어떤 사람인지 생각하지 않고 구성원이 어떤 사람인지 판단하는 데 더 익숙하다. 자기 인식 없이 남을 평가하는 데 치중한다면 자기애적 문제점인 나르시시즘에 빠질 위험이 크다. 나르시시즘은 조직에 문제를 일으킨다. 리더가 독단적으로 업무를 처리해놓고 결과가 좋으면 자기 덕으로 돌리고 결과가 좋지 않으면 구성원 탓으로 돌리는 경우다. 리더라면 처음부터 끝까지 자신이 통제할 수 없는 부분까지 책임을 지는 자세를 가지고 있어야 한다. 구성원의 의견을 들었어야 하는데 내 고집대로 해서 이렇게 되었다고 솔직하게 말하는 리더는 드물다.

자기애가 강하면 자기와 반대되는 이야기를 듣는 것을 꺼린다. 이런 리더는 자기 편에서 자기를 지지해주는 사람을 가까이 두려는 경향이 있다. 리더라면 한 발 떨어져서 자신을 볼 수 있는 계기를 마련해야 한다. 나를 돌아본다는 것은 생각처럼 쉽지 않다. 이런 경우 신뢰할 수 있는 동료를 통해 나를 인식할 수 있게 피드백을 요청하는 것도 도움이 된다. 피드백을 요청해 나에 대해 전반적인 의견을 듣는 것은 나르시시즘에 빠지지 않도록 하는 데 도움이 된다. 리더가 내로남불에 빠지지 않으려면 자기를 인식하게 할 수 있는 어드바이저를 두고 그의 말을 귀담아 들어야 한다.

오만과 편견
버리기

미국의 소설가 헨리 애덤스(Henry Adams)는 권력은 공감 능력을 죽이는 종양과 같다고 했다. 리더가 되고 나서 '오만 증후군'에 걸린 사람들이 있다. 구성원을 동료로 생각하지 않고, 자신보다 못한 사람이라고 간주하고 함부로 대하는 경우다. 잘 나가던 기업이 몰락하는 경우를 종종 들어본다. 이런 기업은 성장 마인드셋을 가지고 처절하게 시장과 고객을 추종했지만 어느 순간 성장에 도취되어 고객을 추종하기보다 고객에게 자신을 추종하라고 강요하면서 몰락의 길을 걷는다. 고객의 소리를 귀기울여 듣기보다 최고경영자의 소리에만 집중한다.

리더가 되면 공감결핍장애에 걸릴 위험성이 높다. 말만 하면 다 되는 줄로 착각한다. 구성원의 업무가 과도해 추가 업무를 수행하기 어려운 경우에도 리더는 공감은커녕 계속 업무지시를 내리며 구성원을 독촉한다. 구성원은 엔진에 과부하가 걸려 터질 지경이 되었는데도 공감하지 못한다. 구성원의 말을 끝까지 듣지 않고 자르고 면박을 주기 일쑤다. 리더는 일과 감정을 분리해 구성원을 상대해야 한다. 감정대로 구성원을 함부로 대하면 사내에서 평판이 좋지 않은 사람으로 낙인된다. 리더 중에는 자기 중심적인 사람들이 있다. 자기가 기준이 되고 남은 틀린 것으로 간주한다. 회사에서 명사를 초청해 특강을 듣는 기회가 종종 있는데, 이런 경우 잠시 공감하더라도 업무에 들어가면 하얗게 잊고 원점으로 다시 돌아간다.

조직장이라는 직위는 하루아침에 주어지지 않는다. 조직장은 신입사원 시절부터 많은 역경과 실패를 딛고 묵묵하게 일한 결과로 조직의 한 부분을 맡게 된다. 한마디로 도전과 실패를 반복하면서 성장이라는 저금통에 동전을 하나씩 저축하며 밑천을 축적해온 결과다. 조직장이 되고 나면 주변의 인정을 받지만 권력자의 추락은 추종자의 찬사가 원인이 되는 경우가 많다. 이메일의 답장 속도를 조사한 결과 직급순으로 답장이 빨랐다는 연구결과도 있다. 이러한 결과는 일의 우선 순위보다는 위계질서가 우선한다는 것이다. 조직장이 오만과 편견을 가지고 있으면 조직원과 소통하기 어렵다. 조직원은 관습적으로 일을 할 뿐 조직의 성과를 위해 몰입하지 않는다. 편견과 아집에 갇혀 있는 조직장을 위해 일할 이유를 찾지 못했기 때문이다. 편견과 아집이 센 조직장은 주변에서 일어나는 일을 객관적으로 판단하지 못한다. 편향된 잣대로 보기 때문에 문제를 정확히 캐치하지 못한다. 남을 함부로 판단하고 자기가 쌓은 성에서 나오려고 하지 않는다. 작은 우물 안에 갇혀 세상을 넓게 보지 못한다. 남을 인정하려고 들지 않고 자신만 믿는다. 경륜이 쌓여가면서 남의 의견을 수용하고 유연성이 넓어지는 조직장이 있는가 하면 반대로 편견과 자기 아집에 갇혀 도무지 찔러도 들어가지 않는 고집불통의 조직장도 있다. 이런 조직장과 함께 일하는 조직원은 하루빨리 그 조직을 벗어나거나 조직장이 교체되기를 바란다.

리더와 구성원 간에 중요한 것은 예의다. 무례하게 구성원을 대하는 것은 조직의 화합을 깨는 암세포와 같다. 조직장이 되면 무엇보다도 구성원에게 예의를 갖추어야 한다. 리더의 언행, 습관을 구성원이 다 보고 있기 때문이다. 구성원도 언젠가 리더가 된다. 이런 리더는 되지 말아야지 하는 것보다 이 리더라면 어디서나 함께해도 좋고, 나중에 내가 리더가 되면 롤 모델로 하겠다는 마음이 들 정도로 모범이 되어야 한다.

조직장이 되면 학습은 조직원이 하는 것이라고 간주해 배우려는 노력도 줄어든다. 배우지 않으면 정체된다. 조직원의 생각을 따라가기 힘들고 조직원이 하는 말을 잘 이해하지 못한다. 뉴노멀 시대에 트렌드는 변화 주기가 빠르고 새로운 제품과 서비스가 이전의 형태를 압도한다. 하지만 내가 최고라는 인식과 내 경험으로 모든 것을 풀 수 있다는 자세는 뉴노멀 시대에서 감각과 시기를 놓치기 쉽다. 조직장은 이전에 하나를 들었다면 둘, 셋을 들어야 한다. 선입견보다는 깊은 성찰을 통해 판단해야 한다. 그러면 이전에 섣불리 생각했던 현상이 조금은 달라 보일 것이다. 조직장이 하는 일은 회사라는 조직에서 보면 작은 조각에 불과하다. 우리가 사는 사회공동체에서 보면 티끌과 같다. 겸손한 자세야말로 오만과 편견에 대항하는 강력한 무기일 것이다.

당신이 옳다

리더가 자신이 옳다는 생각을 버리면 구성원에게 화가 나지 않지 않을 것이다. 구성원에게 화를 냄으로써 해결할 수 있는 문제는 별로 없다. 자신의 말만 하는 사람은 자신이 옳다는 생각에 사로잡힌 경우가 많다. 일방향 소통만 생각하는 리더가 있다. 직급이 높은 리더일수록 이런 현상이 많이 나타난다. 리더가 지시한 것을 구성원이 아무 말없이 따르기만을 강요하는 것이다. 리더가 생각하는 소통의 중심은 자기자신이다. 자신이 말한 것을 구성원이 실천하면 소통이 잘되는 것이고 그렇지 않으면 소통이 되지 않는 것으로 간주한다. 전기가 흐르지 않는다면 모터를 돌릴 수 없듯이 예의를 갖추는 것은 행복한 조직을 유지하기 위한 필수요소다.

리더의 무기는 공감이다. 구성원이 리더의 입장을 이해해주고 리더가 구성원에게 공감을 하다면 신뢰가 배가된다. 평소 거리감이 있는 동료라도 상대방의 입장에서 공감의 뜻을 비추면 적대적 감정이 사그러든다. 상대에게 공감없이 들어가면 상대는 방어벽을 치게 된다. 이 방어벽을 뚫고 들어가는 문은 공감이라는 문이다. 오랫동안 구성원과 같이 생활한 리더라도 공감을 표현할 필요가 있다. 부부 사이도 말을 안 하면 상대가 어떤 생각을 하고 있는지 잘 모르는 경우가 많다.

자기 주장이 너무 강하면 상대가 뚫고 들어오기 힘들다. 구성원이 리더를 설득하려 해도 리더는 자기 말만 하기 때문에 소통이 되지 않는다. 이런 일이 몇 번 반복되면 구성원은 아예 리더와 대화를 하려고 하지 않는다. 리더가 잘못 알고 있어도 지적하지 않고 듣기만 한다. 카리스마가 있는 리더라면 리더의 말에 구성원이 토를 달지 않는 경우가 많다. 리더의 말에 토를 달지 않았다고 리더의 말에 순응하는 것이 아니다. 겉으로는 순응하는 척하지만 속내는 동상이몽을 하게 된다.

리더가 되면 가장 먼저 조심하고 신중해야 할 것이 언행이다. 말

한마디로 천냥 빚을 갚는다는 옛말처럼 말 한마디는 구성원의 사기를 죽이기도 하고 살리기에도 충분하다. 리더가 함부로 내뱉은 말은 부메랑이 되어 리더에게 돌아온다. 리더가 쓰는 말을 들으면 리더의 성공과 실패를 예측할 수 있다. 리더 중에는 우월적 지위를 이용해 구성원에게 자기가 하고 싶은 말을 마음대로 하는 리더가 있다. 다시 말하면 리더가 기분 내키는 대로 구성원을 대한다. 리더가 여과 없이 내뱉은 말 한마디로 구성원의 의욕을 저하시키고 리더에 대한 충성도가 사그라들게 한다. 구성원은 리더의 거친 입에 제대로 대응하지 못한다. 구성원도 할 말이 많고 속 시원하게 하고 싶은 말을 하고 싶지만 그렇게 하면 불이익을 보기 때문에 참는다. 구성원이 침묵하는 것은 리더의 말에 대응하기보다 침묵하는 것이 더 수월하기 때문이다. 구성원은 인사나 평가면에서 손해를 볼 수 있기 때문에 그냥 넘어간다.

리더는 오랜 경험과 지식으로 상황에 맞는 적절한 판단을 해야 한다. 하지만 리더도 사람이라 잘못된 정보나 선입관으로 판단을 잘못할 수 있다. 매일의 일상 속에서 반복적인 일을 하면서도 제대로 된 방향을 찾으려면 내가 옳다는 생각보다 내가 틀릴 수도 있다는 생각을 가지고 구성원과 소통하는 것이 중요하다.

상생의 캔버스

4차 산업혁명 시대는 연결의 시대다. 조직은 서로 연결되어 있다. 이 말은 우리 조직과 상관이 없는 조직은 없다는 것이다. 예를 들면 조직 간 정보를 공유한다는 것은 시너지를 극대화하는 데 도움이 된다. 다른 조직을 도와주면 처음에는 조직이 어렵게 모은 정보를 공유해야 해서 손해를 보는 느낌이다. 하지만 리더는 조직의 이익에 앞서 회사의 이익이 무엇인지 먼저 생각해야 한다. 회사 이익에 도움이 된다면 자신이 맡은 조직이 일정 부분 손해를 보는 것 같더라도 기꺼이 협력해야 한다. 회사에서 단일 조직이 홀로 서기는 불가능에 가깝다. 회사는 퍼즐과 같아서 하나의 퍼즐이 제자리에 있지 않으면 완벽하지 않다. 협력은 협력을 부른다. 리더 중에 협력하지 않는 리더는 왕따가 되기 쉽다. 이 조직과는 협력의 횟수가 줄어든다. 업무상 필수적으로 협력해야 하는 것 말고는 기피대상이 된다. 반면에 협력을 잘하는 리더는 어떤 일이 있으면 먼저 떠올리게 되고 협력의 빈도나 관계의 깊이도 깊어진다.

리더는 성과에 집착한다. 당연히 리더는 성과를 내야 하지만 성과에 대한 집착이 지나치면 인간관계에 문제가 생기기 쉽다. 리더는 조직원을 성과를 내기 위한 도구로 이용되면 안 된다. 하지만 적지 않은 리더가 자신의 성과를 위해 구성원을 이용한다. 구성원 자신이 리더의 도구로 이용된다는 것을 인식하면 창의성은 수면 아래로 내려가고 자발적인 업무가 아닌 수동적인 업무태도를 가지게 될 것이다.

영업조직과 운영조직은 마찰이 발생하기 쉽다. 들어보면 서로 일리 있는 이야기를 한다. 영업이 잘되지 않으면 회사의 인력을 축소해야 하고 사업은 쪼그라든다. 반대로 운영이 제대로 되지 않으면 고객은 이탈한다. 영업의 기본은 기존고객의 재구매다. 기존고객을 무시하고 신규고객만으로 회사를 성장시키는 기업은 들어보지 못했다. 신규고객이라도 기존고객에게서 파생되어 온 결과다. 리더는 실적과 성과에 압박을 받고 있기 때문에 조직의 이기주의 현상(Silo Effect, 조직 내 부서 간 장벽을 의미)이 발생한다. 대부분의 회사가 반기별로 조직을 평가하는데 평가기준은 상대평가로 진행된다. A를 받는 비율이 정해져 있고 B, C, D 순으로 상대적으로 평가하기 때문에 상대 조직의 선전은 다른 조직에게 영향을 준다. 조직은 상생해야 성장한다. 리더가 다른 조직과 협력하면 시너지가 난다. 내가 부족한 정보와 인력을 다른 조직은 갖고 있기 때문이다. 뿐만 아니라 다른 조직을 도와주면 언젠가 도움을 필요로 할 때 도움을 받기 쉽다.

성과는 리더가 열심히 한다고 달성되지 않는 경우도 많다. 시장환경과 고객상황, 경제동향 등 수없이 많은 변수가 받쳐주지 않으면 안 되기 때문이다. 리더가 할 수 있는 방법은 통제하지 못하는 외부 상황에 맞서기보다 통제 가능한 범위에서 행동하는 것이다. 통제 가능한 범위는 협력하고 상생하는 것이다. 열심히 노력하는 자는 하늘도 도와준다. 운도 준비되어 있는 사람에게 따른다. 평소에 준비되어 있지 않으면 기회가 와도 잡지 못한다.

리더는 단기적인 성과와 장기적인 성과를 한 선상에 놓고 바둑판을 내려봐야 한다. 한 수 한 수는 단기적 포석이지만 장기적인 포석을 위해서는 바둑판 전체를 봐야 한다. 바둑의 한 수 한 수는 서로 연결되어 있다. 화가는 빈 캔버스에 전체적인 구도를 잡고 채색해나간다. 리더는 전체적인 밑그림을 그리고 하나하나 어떻게 채색해갈지 고민해야 한다. 부분적인 채색에만 너무 몰두하면 상생의 캔버스에 조화롭게 드러나는 그림이 그려지지 않는다.

PART
7

리더의
자세

경기장에 선
검투사

다음은 미국의 대통령을 역임한 시어도어 루스벨트(Theodore Roosevelt) 대통령의 유명한 연설 〈경기장에 선 검투사〉에 나온 대목이다. "경기장에 검투사는 어떤가? 검투사는 온몸에 흙먼지와 땀을 잔뜩 묻혀가며 용감하게 싸운다. 실수를 하면 안 되지만 실수를 범하고 체력이 고갈되어 한계를 체험한다. 그가 누구인가? 바로 리더다. 리더는 경기장에 선 검투사와 같다."

리더는 성과를 내야 살아남을 수 있다. 리더는 과업을 수행하면서도 실수를 하지 않으려고 안간힘을 쓴다. 실수보다 더 두려운 건 실패다. 실패를 용인하는 문화를 권장하지만, 기업은 실패하고도 살아남을 수 있을지 담보되지 않는다.

그러나 도전과 변화를 추구하지 않는 회사와 조직은 결국 망한다. 돈을 그대로 가지고만 있으면 돈의 가치가 하락된다. 물가가 오르기 때문에 같은 돈이라도 시간이 지날수록 가치가 떨어진다. 제품이나 서비스도 마찬가지다. 어제의 탁월한 제품이나 서비스도 시장과 소비자의 요구에 변화하지 않고 현재에 안주했다가는 어느새 경쟁업체가 그 자리를 차지할 것이다. 원하는 것을 얻기 위해서는 현재에 안주하는 것이 아니라 도전과 변화를 추구해야 한다. 변화하고 혁신하기 위해서는 목표가 있어야 한다. 우리는 계획을 세울 때 스스로의 한계를 먼저 생각하고 계획하는 경향이 있다. 그러나 성공한 많은 사람들은 목표를 향해서가 아니라 목표에서 출발했다.

처음부터 거창하게 시작하기는 어렵다. 리더가 보는 문제가 바로 조직의 문제다. 내가 불편하면 다른 사람도 불편하다. 사소하다 생각하고 지나치면 개선이 되지 않는다. 거창한 문제를 해결해서 공로를 인정받고 싶겠지만 이런 문제는 비용과 시간이 많이 들어가고, 무엇보다 이해 당사자가 많기 때문에 여간해서는 설득하기 힘들다. 하지만 우리 주변에 작은 문제들은 그렇지 않다. 조금만 노력하면 가치 있는 일을 할 수 있다. 변화와 혁신을 위해서는 잘 드러나지는 않지만 누군가가 불편해 하는 것부터 찾으면 된다. 누군가의 문제점을 해결해 작은 가치를 줄 수 있는 것이 큰 변화를 이루는 시발점이 된다. 활활 타는 장작불도 처음에는 작은 불꽃에 의해 불이 붙여졌다. 오늘날 흔히 글로벌 기업이라고 일컬어지는 기업들도 창업 초기를 살펴보면 고객들의 작은 문제를 해결하는 것에서부터 시작했다. 맥도날드가 눅눅한 감자튀김을 바삭하게 만들기 위한 노력을 통해 소비자의 관심을 끌었던 것처럼 말이다.

인류역사를 볼 때 강한 종이 살아남은 것이 아니라 환경 변화에 잘 적응한 종, 즉 환경 문제를 잘 해결한 종이 살아 남았다. 리더는 변화의 주도자가 되어야 한다. 조직에서 벌어지고 있는 수많은 업무 프로세스 중에서 아픈 곳이 어딘지 관심 있게 진단해보면 문제점을 발견할 수 있다. 회사에서 변화의 주체가 누군인지 생각해보라. 또한 변화를 이끄는 리더가 회사에서 어떻게 자리 잡고 있는지 생각해보라. 리더가 변화와 혁신을 기피한다면 타의에 의한 변화에 직면하게 될 것이다.

도전하는 리더가 많을수록 회사의 미래는 밝다. 리더가 현재에 안주하고 하던 일만 습관적으로 하면 그 회사의 미래는 불투명하다. 도전하지 않는 리더 밑에서 일하는 구성원은 자신들이 본 대로 한다. 리더에게 새로운 것을 시도해보려고 가져가면 번번히 퇴짜를 받는다. 이런 일을 한두 번 경험한 구성원은 새로운 시도 자체를 하지 않으려고 한다. 다양한 대응과 관계를 통해 구성원들이 보여준 자신들을 대하는 방법에 대해 알려주었는데도 리더는 자신만의 방식으로 구성원을 대하기 때문에 구성원과 갈등을 초래하게 된다.

선인장 꽃의 열매를 '사브라'라고 부른다. 선인장은 사막의 악조건 속에서도 꽃을 피운다. 그래서 유대인들은 자녀를 부를 때 강인함과 억척스럽게 위기와 난관을 견디어내라는 뜻을 담아 '사브라'라고 부른다. 조직의 리더는 '사브라'처럼 끝까지 도전해 열매를 맺는 리더가 되어야겠다는 자세가 필요하다.

새로운 일에 도전하려면 숨은 노력이 많이 들어간다. 새로운 일이라면 시작하기도 전에 부담과 실패에 대한 걱정이 앞선다. 리더가 도전하지 않으면 안팎으로 도전을 받게 되어 있다. 어떤 과제를 추진할 때 한 번에 완벽하게 되지는 않는다. 실수를 반복하게 되고 어떤 프로젝트에서는 실패하는 경우도 있다. 리더는 실수와 실패를 통해 한 발 앞으로 나아간다. 리더는 이런 과정을 헤쳐나가면서 구성원보다 더 내공이 생기고, 프로젝트를 추진할 때 예상되는 리스크를 족집게처럼 집어낼 수 있는 능력이 생긴다.

새로운 일에 도전하려면 우선 작은 것부터 해보는 게 낫다. 큰 목표에 도전하기보다 작은 목표에 도전하는 것이 성공의 확률을 높인다. 큰 성공은 작은 성공의 패키지 안에 담겨 배달되는 경우가 많다. 평범함 속에 비범한 것이 숨어 있다. 알리바바의 마윈(馬雲) 회장은 알리바바가 살아남은 세 가지 이유를 들었다. '돈이 없었던 것', '기술도 없었던 것', '계획도 없었던 것'이라고 한다. 도전하는 데 필요한 것은 도전하고자 하는 마음이다. 리더는 새로운 도전을 할 수 있는 위치에 있다. 매년 같은 과제를 하더라도 올해는 좀더 개선된 방안으로 시도할 수 있다. 평소 눈여겨봐왔던 것들을 조직의 과제와 결합시킬 수 있다.

성공과 실패는
디테일 속에 숨어 있다

1986년 미국의 우주왕복선 챌린저호가 공중에서 폭발해 승무원이 모두 산화한 사건이 발생했다. NASA(미국항공우주국)에서 원인을 분석한 결과 작은 고무 오링이 파손되었고, 여기서 뜨거운 가스가 뿜어져 나와 부스터 엔진을 폭발시킨 것이 원인으로 밝혀졌다. NASA는 이미 수개월 전에 이런 문제점을 인지하고 있었으나 너무 작은 사건으로 간주해 대처하지 않았다. 작은 일을 주의 깊게 처리하고 작은 일을 위대한 일처럼 처리해야 한다. "위대한 기회들은 조그만한 일들로 위장되어 있다. 인생에서 작은 일들이 큰 일을 결정한다." 릭 워렌(Rick Warren)의 말이다.

리더가 되면 업무가 많아진다. 단순히 업무가 많아지는 것이 아니라 업무 범위가 넓어진다. 실무자는 자기가 맡은 업무만 하면 된다. 하지만 리더는 구성원 각자가 맡은 업무의 특성과 내용을 꿰뚫고 있어야 한다. 담당 구성원에게 업무를 맡겨 놓고 리더는 의사결정만 하면 되지 않냐고 생각하면 오산이다. 구성원의 세부업무를 이해하지 못하면 올바른 의사결정을 내리기가 어렵다. 구성원이 무슨 말을 하는지 알아듣기 힘든 상황에 직면한다.

프로는 시작 전에 업무를 구체적으로 점검한다. 리더는 프로젝트를 추진할 때 먼저 머릿속으로 시뮬레이션을 해봐야 한다. 수없이 시뮬레이션을 해서 어디에서 문제점이 생길 것인지 예측하고 대응방안을 미리 가늠하고 있어야 한다. 시뮬레이션을 반복했다고 해서 문제점이 모두 예상한 범위 내에 들어오는 것도 아니다. 어떤 문제점들은 전혀 예상하지 못한 데서 발생하기도 한다. 하지만 시뮬레이션을 한 만큼 리스크는 줄어든다. 세밀하게 계획하고 문제점에 대응할 수 있는 전략을 수립했기 때문이다. 시뮬레이션을 하려면 리더는 업무의 프로세스를 잘 이해하고 있어야 한다.

리더는 일을 직접 처리할 수는 없어도 구성원이 어떤 일을 어떤 프로세스로 하고 있는지 파악해야 한다. 그래야만 구성원을 훌륭하게 지휘할 수 있다. 실무자가 작성한 보고서도 꼼꼼하게 검토해야 한다. 제목 정도만 보고 내용을 대충 훑고 지나간다면 제대로 된 질문을 하기 어렵다. 실무자가 얼마나 꼼꼼히 보고서를 작성했는지, 어느 부문이 잘 요약되었는지, 어느 부분이 디테일이 부족한지 파악해야 한다. 리더가 디테일에 약하면 문제점을 파악하기 힘들다.

디테일은 프로젝트를 성공하기 위한 필수 조건이다. 이나모리 가즈오도 "신이 도와줄 만큼 일에 전념하라"고 했다. 그는 "그만큼 일을 좋아하지 않으면 큰 성과를 이룰 수 없다"고도 했다. 오케스트라의 지휘자도 전체 악기를 다루지는 못하지만 전체 악보를 완벽히 소화한다. 디테일 속에 문제점이 숨어 있고 해답도 감추어져 있다. 리더가 디테일하면 구성원도 디테일해진다. 반대로 리더가 대충 하면 구성원도 대충 한다. 프로젝트의 성공과 실패는 디테일 속에 숨어 있다.

"실패하는 대부분의 사람들은 포기의 순간에 성공에 얼마나 다가갔는지 모른다"고 토마스 에디슨(Thomas Edison)은 말했다. 석공이 돌을 쪼갤 때 한 번에 돌이 쪼개지지 않는다. 같은 자리를 수없이 많이 망치질을 해도 돌은 마지막 망치질에 쪼개진다. 당장에 성과가 나타나지 않는다고 무력감이나 좌절감을 갖기보다 인내심을 가지고 마지막 망치질을 해보자.

모든 초고는
걸레다

헤밍웨이(Ernest Hemingway)는 "모든 초고는 걸레다"라고 했다. 그는 고쳐쓰기를 반복한 끝에 위대한 작가가 되었다. 보고서는 리더의 능력을 보여주는 이력서와 같다. 야생의 맹수는 아무리 힘없고 작은 동물이라도 사냥할 때는 전력을 기울인다. 이메일 보고나 보고서를 작성할 때는 초안을 작성해놓고 여러 번 검토해야 한다. 보고서는 여러 번 고쳐쓰기를 해야 한다. 고쳐쓰기를 할 때마다 완성도는 높아진다.

보고서에는 사실 그대로를 담아야 한다. 미화하거나 애매한 표현을 써서 본질을 흐려서는 안 된다. 보고서가 완성되면 기본적으로 보고서에 오탈자, 줄간격, 번호체계를 검토해야 한다. 보고서는 두괄식으로 작성해야 한다. 경영진은 하루에도 수많은 보고서를 접하는 것 외에도 수많은 일정을 가지고 있다. 그래서 보고서에 긴 시간을 투자해 꼼꼼히 읽어볼 여유가 없다. 보고서는 특별한 이유가 없는 한 1페이지로 요약해야 한다. 핵심을 제외한 내용은 참고자료로 첨부하면 된다. 1페이지 보고서는 단어 선택부터 신중해야 한다. 단어 하나로 보고서 내용의 흐름을 간파할 수 있도록 핵심단어를 선정해야 한다.

보고서에 표현되는 문장은 단문을 써야 한다. 단문으로 한 줄 정도면 복잡한 내용도 요약이 가능하다. "단순함은 성숙의 결과다"라고 극작가 실러(Schiller)가 말했다. 보고서에는 군더더기가 없어야 한다. 형용사로 미화하거나 주저리 주저리 설명하는 것은 보고서를 검토하는 과정에서 걸러내야 하는 군더더기다. 리더는 보고서 양식도 고민해야 한다. 회사에서 규정된 보고서 양식이 있으면 그대로 따르면 되지만 그렇지 않은 경우 보고서 양식은 보고를 더 돋보이게 한다. 리더는 상황에 맞는 여러 가지 보고서 양식을 준비하고 보고내용에 따라 적절한 보고서를 선택해 쓰는 것이 필요하다.

형식지인 보고서를 작성하는 것 외에도 간단한 구두 보고를 할 때도 있다. 구두 보고를 할 경우를 대비해 리더는 머릿속에 핵심이 무엇인지 핵심을 어떻게 한두 마디 문장으로 표현할 것인지 염두에 두고 있어야 한다. 엘리베이터에서 경영진을 만나 갑자기 보고할 상황이 생기더라도 상대방이 몇 마디만 듣고도 이해할 정도로 요약할 수 있어야 한다. 시급을 요하는 중요한 보고는 개요 정도만 간단히 우선 보고하고 정보가 더 들어오는 데로 다시 보고하겠다고 하는 것이 낫다. 정보가 모아질 때까지 더 기다리다가 상사에게 추가보고 요구를 받을 수 있기 때문이다.

조직의 리더가 되면 구성원들로부터 보고를 받기도 하고 경영진에게 보고를 하기도 한다. 리더가 상사에게 보고하는 형태는 다양하다. 보고를 지시한 상사가 바쁘다는 이유로 보고를 잊는 경우는 거의 없다. 리더도 마찬가지다. 구성원에게 지시한 내용을 기억하고 있다. 적정한 타임에 구성원이 보고해 주기를 바라고 있다. 하지만 구성원이 잊고 보고를 하지 않는 경우 리더는 재차 구성원에게 지시를 한다. 리더도 상사에게 재차 지시를 받기 전에 우선적으로 보고 시점을 정해놓고 일정을 조정해야 한다.

완벽한 보고서란 더 이상 뺄 것이 없이 단순하고 핵심내용으로 채워진 보고서다. 보고서에는 검토한 현황 이외에도 개선방안이나 적용방안이 제시되어야 한다. 상사는 현황파악보다도 이 문제를 어떻게 대응하면 좋을지에 관심을 가진다. 보고서에 담긴 의미와 가치를 더하는 대목이다. 수준 높은 보고서는 반복에 달려 있다. 고쳐쓰기를 얼마나 많이 하는가에 달려 있다.

회사에서 잘 나가고 싶으면 두 가지를 잘하면 된다

회사에서 잘 나가고 싶으면 두 가지를 잘하면 된다. 하나는 보고서를 잘 작성하는 것이고, 다른 하나는 보고를 잘하는 것이다.

보고에서 중요한 것은 보고 시점이다. 상급자가 궁금해서 다시 물을 정도면 보고 시기를 놓친 것이나 다름없다. 오래 근무한 조직장이라면 경영자에게 어떤 시점에서 보고하는 것이 적정한지 알 수 있다. 권오현 전 삼성전자 회장은 '암도 초기 진단이 중요한데 중증이 될 때까지 기다렸다가 보고서에 담는다'고 한다. 초기에 암을 발견하면 완치될 확률도 높아진다. 하지만 대부분의 기업에서 중간관리자는 이런 내용을 보고서에 담기를 꺼려 한다. 명확한 근거가 부족하기 때문이다. 보고서에는 실적과 좋은 내용만 담아서 보고하기를 선호하기 때문에 초기에 문제점을 간파하고 치료할 시점을 놓치는 경우가 많다.

회사에서 경영진에게 보고하는 것은 듣기 좋은 보고가 먼저 올라간다. 문제점이 있는 사안은 축소하거나 감출 수 있으면 감출 때까지 보고를 미룬다. 그러다가 더 이상 감출 수가 없게 되는 지경에 이르거나 보고를 하지 않으면 더 큰 문제가 생길 것 같은 상황에서 보고를 하는 경우가 많다. 문제가 불거지기 전에 하면 사태를 조기에 마무리할 수 있지만 경영진 눈치만 보고 있다가 문제가 더 커진 다음에 보고를 하는 것이다.

조직장이 곤경에 처하게 되는 경우는 보고 시점을 놓친 경우가 많다. 일이 이렇게 될 때까지 조직장은 뭐하고 있었느냐가 질책 이유다. 이런 경우를 피하려면 적정한 시점에 사전보고를 해야 한다.

사전보고는 정식보고서와 달리 간단히 진행상황이나 어떤 문제점이 대두되고 있는지 정도의 현황을 보고하는 차원에서 하면 된다. 굳이 보고서가 필요하면 1페이지로 요약보고를 하면 된다. 경영자가 되면 1페이지 보고서도 다 훑어보지 않을 수도 있다. 1페이지 보고서라도 주요 키워드에는 언더라인이나 마킹을 하면 경영진이 순식간에 내용을 이해하는 데 도움이 된다.

보고는 사전보고와 사후보고가 있다. 사후보고보다 사전보고가 더 효과적이다. 하지만 사전보고는 말처럼 쉽지 않다. 사전보고는 일이 계획대로 되어가면 다행인데 대부분 계획대로 진척이 안 되는 경우가 많다. 이런 상황에서 사전보고를 하기는 만만치 않다. 사전보고를 하려면 현황이 어떻고, 문제가 무엇이며, 대응방안을 어떻게 가져갈 것인지 보고내용에 들어가야 하기 때문이다. 경영자 입장에서 보면 사후보고보다 사전보고를 원한다. 특히 경영진이 관심을 가지고 있는 프로젝트를 맡았을 때에는 묻기 전에 사전보고를 하는 것이 바람직하다.

업무보고를 하는 장소도 중요하다. 리더가 지시를 하는 장소, 구성원이 보고를 하는 장소에 따라 리더와 구성원 사이에 보고에 대한 인식의 차이가 있을 수 있다. 리더가 구성원으로부터 엘리베이터 홀, 통로, 휴게소, 식당 등에서 업무보고를 받으면 제대로 된 보고를 받기 어렵다. 이런 장소에서 구성원이 리더에게 보고를 하면 구성원 입장에서는 지시한 내용의 보고가 끝났다고 생각한다. 하지만 리더는 구성원의 보고내용을 보고로 간주하지 않고 별도 보고를 기다리고 있는 경우가 많다.

리더는 여러 사람에 앞에서 발표할 기회가 많다. 리더의 고민은 발표자료를 만들 때부터 시작된다. 발표자료는 리더가 전체적인 맥락을 이야기해주면 구성원이 준비한다. 발표자료를 만들 때에는 사전에 시간을 충분히 가지고 준비해야 한다. 최고경영진이 참석할 경우 최소 3주 전부터 자료 준비를 해야 한다. 파워포인트로 자료를 만들 때에는 기업문화가 많이 작용한다. 발표자료는 보고받는 주체가 선호하는 방식을 따르는 것이 좋다. 자료를 빽빽이 채우는 것을 선호하는 경영진이 있는가 하면 큰 활자로 핵심 키워드와 그림을 선호하는 경영진이 있다.

발표자를 보면 대부분 스크린을 보고 발표하는 경우가 많다. 발표자가 80% 이상 스크린을 보고 발표하는 것은 발표자의 주장을 약화시킬 뿐만 아니라 발표 준비를 제대로 하지 않은 것으로 비춰지기 쉽다. 발표자는 20 : 80 정도로 대부분을 참석자와 눈을 마주치고 발표해야 한다. 스크린은 중요한 포인트나 강조할 부분에서 청중의 주의를 끌기 위해서 보는 것이 좋다. 이렇게 하려면 발표자는 회의 자료 대부분을 머릿속에 넣고 있어야 한다.

청중을 사로잡고 인상에 남는 발표를 하려면 많은 연습이 필요하다. 구성원 1~2명을 상대로 동일한 회의 장소에서 발표연습을 하는 것이 도움이 많이 된다. 이때 구성원으로부터 피드백을 받는 것이 좋다. 예를 들면 회의장 끝자리에서도 목소리가 잘 들리는지, 의사전달이 명확히 되는지 발표자료와 발표내용이 잘 매치되는지 등이다. 사전에 발표연습을 하고 발표를 하면 발표내용에 군더더기가 없다. 청중의 입장에서 필요한 사항만 귀에 들어올 수 있도록 정리된다. 발표시간은 15분 정도가 적당하다. 국제 학술대회에서 수년에 걸친 연구결과를 발표할 때도 보통 15분을 준다.

조직장을 오래 했어도 신임 조직장의 마음가짐으로 발표를 준비해야 한다. 그렇지 않으면 매너리즘에 빠졌다는 말을 들을 수 있다. 조직장을 오래한 리더일수록 발표준비를 제대로 안 하는 경향이 있다. 발표자는 중요한 발표를 하기 전에는 전날 일찍 잠자리에 드는 것이 좋다. 숙면은 발표할 멘트가 잘 떠오르는 데 도움을 주고 참석자들의 질문에도 잘 대응할 수 있도록 에너지를 충전하게 해준다. 발표자의 발표내용을 들어보면 얼마나 성의 있게 준비했는지 발표의 품질을 알 수 있다.

잔잔한 바다에서는 좋은 뱃사공이 만들어지지 않는다

니체는 "우리를 죽이지 않는 시련은 우리를 더 강하게 한다"고 했다. 공기저항이 없다면 독수리는 하늘을 날 수 없고 물의 저항이 없이는 바다에서 배가 뜰 수 없다. 프로젝트를 추진하려면 수많은 난관을 뚫고 지나가야 한다. 먹구름을 뚫고 하늘로 올라가면 밝은 햇살을 만날 수 있다. 리더라면 어떤 난관을 만나더라도 침착하고 평정한 마음을 유지해야 한다.

어떤 일을 할 때 선입견을 갖고 시작하면 그대로 될 확률이 높다. 부정적인 마인드를 선택할 것인지, 긍정적인 마인드를 선택할 것인지는 자신에게 달려 있다. 강한 긍정적인 마인드를 가지고 업무를 수행한 일이 참담한 실패로 끝난 경험은 드물 것이다.

연못 안에 있는 물고기는 연못 안에서만 움직인다. 연못 안의 물고기는 연못이 세상의 전부로 생각하고 연못 밖의 세상을 모른다. 사고방식의 차이가 큰 차이를 낳는다. 사고방식은 가치관이다. 어떤 가치관을 가지고 살아가는지에 따라 성공과 실패가 뒤따른다.

어려운 과제는 진도가 제대로 나아가지 않는다. 그렇다고 쉽게 포기해버리면 앞으로 나아갈 수 없다. 포기는 가장 쉬운 방법이다. 영국 속담에 '잔잔한 바다에서는 좋은 뱃사공을 만들지 않는다'라는 말이 있다. 어려운 과제를 극복한 리더에게는 더 큰 과제를 맡을 자격이 주어진다.

회사생활을 하는 데 가장 어려운 일 중 하나는 다른 사람을 설득하고 협조를 구하는 일이다. 회사에서는 상하좌우로 설득하고 협조를 구할 일이 의외로 많다. 구성원과의 소통도 만만치 않다. 무조건 지시하기만 해서는 구성원의 협조를 이끌어낼 수 없다.

리더가 업무에 대해 구성원들과 한두 번 소통했다고 계속 잘되겠지 하는 생각은 오산이다. GE는 회사 비전을 직원들에게 800번 소통한 뒤에야 직원들이 알아들었다고 한다. MIT 대학의 인간역학 연구소장인 알렉스 펜틀런드(Alex Pentland) 교수는 위대한 조직은 하루에 12번 이상 소통하며 비공식적 소통도 많다고 한다. 커뮤니케이션을 활성화하기 위해 회의나 워크숍도 도움이 되지만 비공식적인 일상이 도움이 될 때가 많다. 예를 들면 스코틀랜드 출신학자들이 많이 모이는 브리티시의 한 커피하우스에서 애덤 스미스(Adam Smith)는 《국부론》을 완성했다.

회사생활 중에서 커뮤니케이션이 잘될 때는 상대방을 존중하고 겸손한 자세로 소통했을 때다. 필요할 때만 겸손해지는 것이 아니라 평소에 겸손한 자세로 업무처리를 하는 것이 중요하다. 진정성을 가지고 업무에 임하는 사람의 청은 가볍게 들리지 않는다. 리더에게 필요한 두 축은 역량과 커뮤니케이션 능력이다. 커뮤니케이션은 다른 사람이 대체할 수 없기 때문에 리더가 항상 겸손하게 경청하고 진지한 자세를 갖추려는 노력을 게을리하지 말아야 한다.

고도의 촉이
필요한 분야

1890년대 어느 날 피츠버그의 한 저택에서 카네기와 유명인사들이 모여 파티를 하고 있었다. 파티 도중 한 젊은 컨설턴트가 카네기에게 소개되었다. 카네기는 의심쩍은 표정을 지으면서 젊은 컨설턴트에게 "자네가 나에게 경영에 대해 들을 만한 조언을 해주면 1만 달러를 주겠다"고 했다. 그러자 젊은 컨설턴트는 카네기에게 "당신이 할 수 있는 일 중에서 가장 중요한 일 10가지를 작성한 후 그중에서 1번부터 시작하라"고 말했다. 얼마 후 젊은 컨설턴트는 카네기로부터 1만 달러 수표를 받았다. 카네기조차도 일의 우선순위를 머리로만 생각했지 노트에 직접 써서 나열해보지 않았다.

직장생활을 하는 데 있어 중요한 것은 일의 우선순위를 파악하는 것이다. 같은 일을 열심히 하더라도 일의 우선순위를 놓치게 되면 상사로부터 좋은 소리를 듣지 못한다. 일의 우선순위는 사규에도 나와 있지 않다. 일의 우선순위를 찾는 것은 고도의 촉이 필요한 분야다. 우선순위는 한꺼번에 일이 몰려올 때가 문제가 된다. 평소 처리할 수 있는 용량을 넘어 일이 몰아치는 경우가 종종 있다. 숙련된 리더라면 일의 우선순위를 머릿속에서 그려낸다. 마치 전기 기사가 배전반의 여러 개의 스위치가 필요에 따라 작동하는 것과 같다. 리더는 일의 우선순위에 따라 스위치를 올리고 내리는 작업을 해야 한다. 구성원이 리더가 급하다면서 지시한 업무를 하고 있는데 경영층의 지시사항이라며 리더가 또 다른 업무를 구성원에게 독촉한다면 어떻게 될까. 경영층으로부터 지시받은 업무는 우선순위가 높다. 아무리 뛰어난 구성원이라도 두 가지 업무를 동시에 하기 힘들다. 이런 경우는 현재 업무사항을 이야기하고 일의 우선순위를 정해주어야 한다. 리더는 경영진에게 최종보고를 하기 전에 구성원에게 중간보고는 언제 해야 하는지를 알려주어 일의 진척도와 보고일정을 점검해야 한다.

우선순위에 대한 편차는 경영진과 조직장, 조직장과 구성원 사이에서 과제를 생각하는 시각 차이에서 발생한다. 지시하는 사람은 우선적으로 자신이 생각하는 일정에 피드백을 주길 바란다. 반대로 지시받는 사람은 업무의 중요도로 봐서 지시받은 업무를 2순위 내지 3순위로 생각하고 업무계획만 세워놓는다. 이와 같이 업무의 우선순위는 각자 생각의 차이에서 발생한다. 이것을 방지하기 위해서는 지시하는 사람이 완료일정을 알려주어야 한다. 만일 지시한 사람이 마감일정을 알려주지 않으면 지시받은 사람이 마감일정을 확인해야 한다. 서로 내 마음을 알아주겠지 하는 마음으로는 부족하다. 마감일정을 상호 교감해야 우선순위로 인한 불협화음을 막을 수 있다.

일의 우선순위는 상사의 지시사항, 일의 영향력과 파급효과, 신속성을 요구하는 업무 등으로 구분해 관리해야 한다. 그리고 업무 특성에 맞게 구성원에게 업무를 할당하고 데드라인을 정해주어야 한다. 일의 우선순위를 잘 정해 업무를 추진하는 리더는 회사생활이 원활하고 상사와의 관계도 좋다.

조직에게 부여된 업무 분야별로 우선순위를 나열해보는 것이다. 그리고 하루업무가 마무리될 때면 업무노트를 리뷰하고 새로운 업무를 작성하고 어떻게 우선순위가 바뀌는지 정리하는 것이다. 일의 우선순위는 고정된 것이 아니라 상황에 따라 변화한다. 새로운 일이 수면 위로 올라왔다가 수면 밑으로 사라지는 일이 반복된다. 일을 추진하는 과정에서 생각지도 못한 장애물을 만나 이를 극복하지 않으면 앞으로 나갈 수 없는 경우도 있다. 리더는 과제의 우선순위나 중요도를 고려해 자원을 배당해야 하며, 이때 중요한 것은 균형감을 유지하는 것이다.

다른 사람을
바꾸려 하지 마라

구성원을 바꾸는 것보다 리더가 바뀌는 것이 더 빠르고 쉽다. 구성원을 바꾸고 싶다면 리더가 먼저 모범을 보이는 것이 훨씬 효과적이다. 리더 자신도 바뀌기 어려운데 구성원을 바꾼다는 것은 불가능에 가깝다. 구성원에게 잔소리한다고 리더 마음에 안 드는 부분이 잘 바뀌지도 않는다. 일정 부분은 바뀌는 것도 같지만 얼마 지나지 않아 예전으로 다시 돌아간다.

리더가 원하는 대로 되지 않는다고 역정을 내고 스스로를 컨트롤 하지 못하는 모습을 구성원에게 보이는 것은 최악의 상황이다. 구성원의 경력이 짧아 방향을 잘못 잡으면 마이크로 매니징으로 방향을 잡아주어야 한다. 이때는 딱딱한 분위기를 전환하기 위해 스몰 토킹(Small Taking)으로 말을 시작해보는 것이 중요하다. 날씨, 건강, 운동, 식사, 여행, 자녀, 의복, 뉴스 등 업무와 상관이 없는 주제를 먼저 간단히 주고받으면 무거운 분위기가 가벼워진다.

우리는 무의식 중에 상대방의 자존감에 상처를 줄 수 있다. 폭력이나 사회문제는 대부분 누군가로부터 무시당했다는 데서부터 출발한다. 자존감은 누구나 가지고 있기 때문에 자존감에 상처를 받으면 언젠가 되갚을 생각을 한다. 그러나 자존감에 상처를 입었더라도 되갚을 생각을 하지 말아야 한다. 되갚을 생각을 하다가 부메랑이 되어 나에게 더 큰 상처를 입힐 수 있다. 화가 나거나 걱정이 앞설 때는 문제를 바라보는 관점을 달리해야 한다.

문화는 한 개인의 습관이나 속성에 따라 변화되지 않는다. 리더가 몸소 실천하면 구성원에게 본보기가 되어 조금씩 변해간다. 조직을 변화시키고 싶으면 리더가 먼저 행동으로 보여줘야 한다. 예를 들면 회의시간에 지각하지 말라고 말하는 것보다 리더가 회의 전에 착석하고 정해진 회의시간에 회의를 시작하는 습관을 들이면 구성원도 회의시간에 늦지 않을 것이다. 문제가 많은 구성원이 있다면 주변에 여러 사람의 의견을 들어보는 것이 좋다. 리더가 스스로 판단할 수도 있지만 아무래도 리더는 선입관이 있어서 편향적으로 판단하기 쉽다. 주위 구성원의 시각도 리더의 시각과 비슷하다면 별도로 대책을 강구할 필요가 있다. 구성원이 자신의 실력을 발휘할 수 있는 다른 조직을 알아보는 것도 좋을 것이다.

고압적으로 구성원을 대하기보다 예의를 갖추어 팀원을 대할 때 훨씬 아웃풋이 좋다는 것을 이해하지 못하는 리더들이 있다. 기본적인 예를 가지고 팀원을 대해야 리더의 권위를 인정받을 것이다. 기업이 수평적인 조직을 만들기 위해 직급을 통합하는 추세이지만 기본적인 예의까지 저버리라는 뜻은 아니다. 부부 간에도 기본 예의가 있듯이 조직장과 구성원 사이, 구성원과 구성원 사이에는 기본적인 예의가 있다. 친한 친구 사이라도 기본적인 예의를 지켜야 오래 갈 수 있다.

구성원은 존중을 받고 싶어하는 존재이다. 누구로부터 존중을 받으면 그 존중을 오래 유지하고 싶어한다. 구성원이 사기가 충만하면 업무에 자신감을 갖게 된다. 구성원이 업무에 자신감을 가지면 장애물도 하는 일에 방해가 되지 못한다. 체면을 구긴 구성원은 맡은 일을 겨우 수행하는 소극적인 태도로 바뀐다. 반면에 체면을 살린 구성원은 능동적인 태도로 업무를 수행한다. 비판과 올바른 피드백은 다르다. 비판은 감정이 담긴 불평이다.

배우자도 바꾸기 어렵고 자식들도 내 마음대로 되지 않는데 조직의 구성원을 바꾸려 한다는 것은 욕심이다. 조직의 리더는 은연중에 최고경영진이 쓰는 키워드를 자주 쓰게 되고 최고경영진의 경영방식을 조직에 이식한다. 구성원이 리더를 닮으려는 사람으로 간주하면 리더로서 성공한 것이다. 리더를 롤 모델로 하는 구성원은 리더를 관찰하고 리더의 흔적을 따라간다.

리더는 오케스트라의 지휘자와 같다. 지휘자만 잘 해서는 제대로 된 공연이 이루어질 수 없다. 구성원을 조화롭게 조율해 성과를 내게 하는 것이 리더의 역할이다. 겸손한 리더는 자기를 내세우기보다 구성원을 더 내세운다. "김 아무개가 이 분야의 최고 전문가이다"라고 칭찬을 아끼지 않는다. 이 말을 들은 구성원은 동기가 부여되고 사기가 올라간다. 겸손한 리더는 자신의 능력이나 성과를 구성원을 위해 쓴다.

에필로그

    기업은 하나의 생명체다. 숲도 진화를 거듭하듯이 기업이라는 숲도 진화한다. 진화에 뒤떨어지는 리더는 도태된다. 기업은 살아가는 데 필요한 영양분을 조직으로부터 공급받는다. 기업에 영양분을 줄 수 없는 조직은 축소되거나 사라지는 반면, 기업이 새로운 물줄기를 발견하면 조직이 생기고 이를 맡을 리더를 임명한다. 역경을 이겨내고 부여된 역할에 도전적으로 임하는 리더가 있는가 하면 자리에 안주해 어느 순간 조용히 자리를 떠나는 리더도 있다. 연초에 계획한 업무가 순탄하게 진행되기도 하지만 전혀 계획되지 않은 일로 길을 찾아 헤매기도 한다. 조직의 리더는 구성원과 역경을 뚫고 나아가며 성취의 기쁨도 실패의 쓰라림도 함께 나눈다.

조직의 리더라는 계급장을 달고 나면 직원들이 대하는 태도가 달라진다. 회사마다 어느 정도 차이는 있겠지만 조직장이 되면 독립된 자리가 주어진다. 이 외에도 수당 등 별도의 대우와 인센티브가 주어진다. 하지만 부담감도 만만치 않다. 경영진이 조직의 리더에게 거는 기대를 느끼면서, 리더로서 성과를 내야 한다는 부담감이 작용한다. 실무자로서 있을 때는 자기만 잘하면 되지만 리더는 조직에게 주어진 목표와 회사가 추구하는 방향을 통해 성과를 남겨야 한다.

구성원을 행복하게 하려면 조직의 리더가 행복해야 한다. 조직의 리더는 위치와 역할에서 보면 내부고객을 행복하게 할 수 있는 정점에 있다. 조직의 리더가 스트레스를 많이 받고 있으면 그 여파가 고스란히 구성원들에게 전달된다. 직원이 회사를 떠나는 이유 중 많은 부분은 상사와 맞지 않아서다. 회사 실적이 아무리 좋더라도 리더와의 관계가 불편하면 구성원은 행복해질 수 없다. 반면에 회사가 어렵더라도 리더와 호흡이 잘 맞고 서로를 배려하고 의지할 수 있는 관계라면 어려움을 이겨내고 성과를 낼 가능성이 높다. 조직의 리더와 성격이 맞는 구성원은 직장생활을 하는 데 별로 문제가 되지 않는다. 하지만 조직의 리더와 성격이 맞지 않는 구성원은 직장생활이 고달프다. 조직을 옮기면 좋지만 회사에서 이런 기회는 별로 없다. 구성원을 함부로 대하는 리더, 내로남불식 리더, 권위주의로 포장된 리더, 일관성 없는 리더는 조직을 망하게 하는 주요 요인이다.

조직의 리더가 되고 나면 회의에 참석하는 횟수도 많아지고 하루에 받는 메일의 수도 부쩍 증가한다. 조직에 소속된 구성원들도 여러 명이어서 챙겨야 할 업무도 많아진다. 리더가 되면 늘 시간에 쫓긴다. 마음이 쫓기면 창의적인 생각을 하지 못한다. 회사가 추구하는 방향과 조직이 추구하는 방향을 일치시켜야 하는데 시간에 쫓기면 근시안적인 생각에서 벗어나지 못한다.

리더는 소실점을 멀리 두어야 한다. 최고경영자가 1km를 바라볼 때 조직의 리더는 적어도 100m 앞은 봐야 한다. 리더는 조직이 추구하는 방향을 간파해야 하는 안목도 필요하고, 구성원의 업무나 개인적인 특성도 살펴야 하는 섬세함도 필요하다. 이처럼 조직의 리더는 매크로한 것에서부터 마이크로한 것까지 챙겨야 하기 때문에 스트레스를 많이 받는 직책이다. 리더가 어떻게 조직을 이끌어 성과를 내느냐는 기업이라는 거대한 엔진이 잘 돌아가느냐와 맞물려 있다. 수백, 수천 마력의 엔진도 각각의 기능이 잘 작동해야 이상 없이 돌아간다. 엔진, 브레이크, 방향 조정 기능이 이상 없이 동작해야만 원하는 목적지에 도달할 수 있다.

성공한 리더들의 필수품

리더의 도구

제1판 1쇄 2023년 12월 15일

지은이 정민
펴낸이 최경선 **펴낸곳** 매경출판(주)
기획제작 ㈜두드림미디어
책임편집 우민정 **디자인** 얼앤똘비악earl_tolbiac@naver.com
마케팅 김성현, 한동우, 구민지

매경출판㈜
등록 2003년 4월 24일(No. 2-3759)
주소 (04557) 서울시 중구 충무로 2(필동1가) 매일경제 별관 2층 매경출판㈜
홈페이지 www.mkbook.co.kr
전화 02)333-3577
이메일 dodreamedia@naver.com(원고 투고 및 출판 관련 문의)
인쇄·제본 ㈜M-print 031)8071-0961
ISBN 979-11-6484-627-6 (03190)